DIREITO DA SEGURIDADE SOCIAL

Provas & Concursos

visite nosso site
www.editorapillares.com.br

Dados Internacionais de Catalogação na Publicação (CIP)
(Câmara Brasileira do Livro, SP, Brasil)

Giusti, Miriam Petri Lima de Jesus
 Direito da seguridade social / Miriam Petri Lima de Jesus Giusti. -- São Paulo : Editora Pillares, 2008.
 -- (Provas & concursos)

 Bibliografia.
 ISBN 978-85-89919-55-5

 1. Previdência social – Brasil 2. Seguro social – Brasil I. Título. II. Série.

08-01156   CDU-34:368.4(81)

Índices para catálogo sistemático:

1. Brasil : Previdência social : Direito
   previdenciário   34:368.4(81)
2. Brasil : Seguridade social : Direito
   previdenciário   34:368.4(81)

ISBN 978-85-89919-55-5

Miriam Petri Lima de Jesus Giusti

DIREITO DA SEGURIDADE SOCIAL

Provas & Concursos

São Paulo – 2008

© Copyright 2008 by Editora Pillares Ltda.

Conselho Editorial:
Armando dos Santos Mesquita Martins
Gaetano Dibenedetto
Ivo de Paula
José Maria Trepat Cases
Luiz Antonio Martins
Wilson do Prado

Revisão:
Daniela Medeiros Gonçalves

Editoração e capa:
Triall Composição Editorial Ltda.

Editora Pillares Ltda.
Rua Santo Amaro, 586 – Bela Vista
Telefones: (11) 3101-5100 – 3105-6374 – CEP 01315-000
E-mail: editorapillares@ig.com.br
São Paulo – SP

TODOS OS DIREITOS RESERVADOS. Proibida a reprodução total ou parcial, por qualquer meio ou processo, especialmente por sistemas gráficos, microfílmicos, fotográficos, reprográficos, fonográficos, videográficos. Vedada a memorização e/ou a recuperação total ou parcial, bem como a inclusão de qualquer parte desta obra em qualquer sistema de processamento de dados. Estas proibições aplicam-se também às características gráficas da obra e a sua editoração. A violação dos direitos autorais é punível como crime (art. 184 e parágrafos, do Código Penal, cf. Lei nº 10.695/2003), com pena de prisão e multa, conjuntamente com busca e apreensão e indenizações diversas (Lei nº 9.610, de 19-02-98).

Impresso no Brasil

Apresentação

O Direito da Seguridade Social, ramo relativamente novo da ciência do Direito, restou sistematizado e, portanto, autônomo com o advento da Constituição brasileira de 1988.

Por tal motivo, em muitos cursos de Direito a disciplina ainda não é ministrada como cadeira independente, de tal sorte que muitos graduandos a ela sequer têm acesso.

Com efeito, existe certa dificuldade na obtenção de fontes tanto para pesquisa quanto para o estudo efetivo da disciplina, não obstante a mesma já esteja incluída em grande parte dos concursos públicos. São, portanto, poucos os autores que até o presente momento têm se debruçado sobre o tema, tão relevante para a sociedade.

A obra DIREITO DA SEGURIDADE SOCIAL – Provas & Concursos consiste, como a própria denominação indica, em um texto sintético e didático acerca da matéria e resulta da prática docente desenvolvida pela autora ao longo dos últimos anos.

Destina-se aos graduandos do curso de Direito e, bem assim, àqueles que buscam uma revisão de conteúdo de forma a auxiliar na sedimentação dos temas estudados, não dispensando, desse modo, o acompanhamento do estudo juntamente com a legislação específica, mormente pelas Leis 8.212 e 8.213, ambas de 1991, com as respectivas alterações.

A linguagem utilizada na obra, didática e sistematizada, busca refletir de forma clara e objetiva os conceitos e institutos jurídicos que aborda, possibilitando uma eficaz assimilação ou revisão do conteúdo, conforme for o interesse do leitor.

Sumário

Apresentação..................................5

Parte 1

NOTÍCIA HISTÓRICA
PRINCÍPIOS DA SEGURIDADE SOCIAL...................13

Capítulo 1

Notícia Histórica 15
O Direito da Seguridade Social........................20
Fontes do Direito da Seguridade Social 23
Vigência das Normas de Direito da Seguridade Social 25

Capítulo 2

Princípios da Seguridade Social 27
Princípio da Legalidade..............................27
Direito Adquirido 28
Princípio da Solidariedade, ou Solidarismo ou
Mutualismo 29
Princípio da Universalidade da Cobertura e do
Atendimento 30

Princípio da Uniformidade e Equivalência dos
Benefícios e Serviços 31
Princípio da Seletividade e Distributividade dos
Benefícios e Serviços 32
Princípio da Irredutibilidade do Valor dos Benefícios....... 33
Princípio da Eqüidade na Forma de Participação
no Custeio 34
Princípio da Diversidade da Base de Financiamento 34
Princípio do Caráter Democrático e Descentralizado
da Administração 35
Princípio da Preexistência da Fonte de Custeio 36

Parte 2

CUSTEIO DA SEGURIDADE SOCIAL
Lei 8.212/91 37

Capítulo 1
Natureza Jurídica das Contribuições da Seguridade Social .. 39
Teorias Baseadas no Direito do Trabalho 39
Teorias Baseadas no Direito Tributário.................. 41

Capítulo 2
Contribuintes e Segurados 43
Contribuintes e Segurados............................. 44
Segurados Obrigatórios Comuns 44
Empregados Domésticos............................. 48
Segurados Obrigatórios Individuais 49

Trabalhador Avulso................................. 51
Segurados Obrigatórios Especiais..................... 52
Segurados Facultativos............................... 53
Contribuinte Empresa e Empregador Doméstico........... 54

Capítulo 3

Contribuições 55
Contribuição da União................................ 56
Contribuição dos Segurados........................... 56
Contribuição da Empresa.............................. 58
Contribuição do Empregador Doméstico................. 61
Contribuição do Empregador Produtor Rural ou Pescador .. 61
Contribuição dos Concursos de Prognósticos............ 62
Outras Receitas...................................... 62

Capítulo 4

Salário-de-Contribuição.............................. 69

Capítulo 5

Crédito da Seguridade Social 77
Arrecadação e Recolhimento das Contribuições 77
Consectários da Mora................................. 78
Decadência dos Créditos da Seguridade Social......... 81
Prescrição dos Créditos da Seguridade Social......... 81
Posição Jurisprudencial 81

Parte 3

PLANO DE BENEFÍCIOS
LEI 8.212/91... 83

Capítulo 1

Prestações da Previdência Social 85
Segurados.. 85
Manutenção da Qualidade de Segurado................. 86
Dependentes.. 87
Prestações da Previdência Social..................... 89
Salário-de-benefício 89
Renda Mensal do Benefício 90

Capítulo 2

Benefícios Previdenciários Decorrentes da Infortunística ... 91
Teoria da Culpa Aquiliana, Extracontratual ou da Culpa
Delitual.. 93
Teoria do Contrato 93
Teoria da Responsabilidade pelo Fato da Coisa 94
Teoria do Risco Profissional 94
Teoria do Risco da Atividade ou Autoridade 95
Teoria do Seguro Social ou do Risco Social 95
Benefícios decorrentes da Infortunística 95
Síndrome da Talidomida............................. 114
Vítimas de Caruaru................................. 115
Seringueiros 116

Capítulo 3

Outros Benefícios Previdenciários.................... 119
Aposentadorias...................................... 119
Salário-Maternidade................................. 130
Salário-Família..................................... 133
Auxílio-Reclusão 135

Parte 4

ASSISTÊNCIA SOCIAL
LEI 8.742/93..137

Capítulo 1
Objetivos da Assistência Social....................... 140
Princípios da Assistência Social...................... 140
Prestações da Assistência Social 142
Benefício de Prestação Continuada 142
Benefícios Eventuais.................................. 143
Serviços da Assistência Social 143
Programas da Assistência Social....................... 144
Programas de Enfrentamento da Pobreza 144
Custeio da Assistência Social 144

Parte 5

SAÚDE 147

Capítulo 1
SUS... 150
Financiamento do SUS................................ 153

Planejamento e Orçamento 154
Organização, Direção e Gestão 155
Competências e Atribuições 156
Saúde Indígena 162
Atendimento e Internação Domiciliar 163
Acompanhamento durante o Trabalho de Parto, Parto
e Pós-Parto Imediato 164
Serviços Privados de Assistência à Saúde 164
Participação Complementar 165
Recursos Humanos 165

Bibliografia 167

Parte 1

NOTÍCIA HISTÓRICA
PRINCÍPIOS DA SEGURIDADE SOCIAL

Capítulo 1

Notícia Histórica

Embora seja correto supor que a preocupação do homem diante de circunstâncias inesperadas que pudessem pôr em risco tanto a sua sobrevivência quanto a daqueles que dele dependam exista desde há muito tempo, de igual modo é correto afirmar que nem sempre o mundo jurídico refletiu e resguardou esta preocupação.

Realmente, quanto a esse aspecto, o Direito da Seguridade Social representa um ramo relativamente recente da Ciência do Direito e cuja relevância jurídica se dá a partir da segunda metade do século XIX, de forma a procurar resguardar o homem diante de circunstâncias tais como a doença, a invalidez e a morte, dentre outros infortúnios que venham a colocar em risco sua subsistência e a de seus familiares.

Assim, para bem compreender a evolução deste sub-ramo do Direito, necessária se faz uma breve digressão histórica em busca de suas raízes no direito estrangeiro e no direito pátrio.

O Direito Romano nos dá notícia de que já ao *pater familiae* incumbia, dentre outras responsabilidades, a constituição de um fundo de reservas para que seus servos dele utilizassem em caso de necessidade. De igual modo, no exército romano, os soldados contribuíam com parte de seu salário para que, ao se aposentarem, levantassem as quantias assim economizadas, ocasião em que também recebiam um pedaço de terra.

As confrarias na Idade Média, que consistiam em associações de caráter religioso formadas parte por religiosos e parte por leigos, também possuíam um fundo de reserva a ser utilizado por seus membros em caso de necessidade.

A Inglaterra, por volta do ano 1601, instituiu uma contribuição obrigatória, representada pelo denominado imposto de caridade, que era exigida pelos juízes, para que o produto de sua arrecadação fosse destinado aos mais necessitados.

Com o mesmo objetivo, na Alemanha, a partir de 1883, foram introduzidos por Otto Von Bismarck os denominados seguros sociais.

O direito francês, em 1898, impôs determinadas normatizações visando à tutela referente à assistência à velhice e ao acidente de trabalho.

Em nível constitucional, porém, o seguro social somente foi previsto pela primeira vez na Constituição do México, em 1917.

No Brasil, a Constituição de 1824, primeira Carta Magna, estabeleceu os denominados socorros públicos, sendo ademais criado sob sua égide o primeiro montepio que recebeu a denominação de Montepio Geral dos Servidores.

Em 1850, também o Código Comercial, primeira codificação brasileira, hoje revogado em sua parte geral, determinava no art. 79 a manutenção dos salários dos prepostos que, em razão de acidentes imprevistos e para os quais não concorressem, viessem a ficar inabilitados para o exercício de suas atividades. Referida inabilitação, entretanto, não deveria superar três meses.

Com o advento da Constituição da República, em 1891, foi utilizado pela primeira vez na ordem jurídica brasileira o termo *aposentadoria*, referindo-se, de acordo com os dicionários da Língua Pátria, à mensalidade a ser recebida pelo empregado que se afastasse do serviço após ter cumprido as condições e exigências impostas pela lei. Com efeito, a Carta Magna em comento previa em seu art. 75 a aposentadoria por invalidez a ser paga apenas aos servidores públicos.

Na seqüência, a Lei 217, de 29 de novembro de 1892, instituiu a aposentadoria por invalidez e a pensão por morte para os operários do Arsenal de Marinha do Rio de Janeiro.

No ano de 1923 foi publicado o Decreto 4.682, mais conhecido como *Lei Eloy Chaves*, e que pode ser considerado como a primeira norma a dispor sobre a Previdência Social no Brasil. Referido diploma, entretanto, teve mais cunho político do que propriamente social. Com efeito, dispunha sobre normas aplicáveis aos empregados das empresas ferroviárias, visto ser este o principal tipo de transporte na conjuntura da época. Disciplinando a estabilidade daqueles empregados, após 10 anos de serviço e de contribuição, dispunha que os mesmos adquiririam a expectativa de direito quanto à aposentadoria futura. Posteriormente, as previsões da Lei Eloy Chaves foram estendidas às empresas de transporte marítimo e às de serviços de telégrafos.

A doutrina majoritária considera, pois, a Lei Eloy Chaves como o marco inicial da Previdência Social no Brasil, visto que por seu intermédio foram criadas, nas empresas de estradas de ferro existentes, as Caixas de aposentadoria e pensão e cujas reservas financeiras eram constituídas mediante contribuições por parte dos trabalhadores, das próprias empresas do ramo e também dos usuários do transporte, de forma a assegurar a aposentadoria dos trabalhadores e a pensão de seus dependentes, em caso de morte do segurado, além da assistência médica e diminuição do custo de medicamentos.

A partir de 1930, contudo, a questão previdenciária deslocou-se da empresa para as categorias profissionais. De qualquer modo, até então, as contribuições para com a previdência social eram mantidas em plano privado, delas não participando o Poder Público.

Durante o governo de Getúlio Vargas, porém, em face de inúmeras fraudes e denúncias de corrupção, verificou-se a primeira crise no sistema previdenciário e, em razão dela, ficaram suspensas por seis meses as concessões dos benefícios relativos à aposentadoria.

A inovação trazida pela Constituição de 1934, com relação ao setor previdenciário, foi representada pela instituição da *forma tríplice* de custeio da previdência, na qual passaram a ser considerados como contribuintes a empresa, os empregados e também o governo.

A Constituição Federal de 1937 nada inovou em matéria de seguridade, mas com a de 1946 iniciou-se a sistematização constitucional da matéria em questão, ainda que de forma tímida e pouco inovadora.

Já em 1949, o Poder Executivo editou o Regulamento Geral das Caixas de Aposentadorias e Pensões, por meio do Decreto 26.778, de 14/06/49, padronizando a concessão de benefícios, na medida em que cada Caixa possuía regras próprias.

Foi, porém, no ano de 1953 e, portanto, exatamente quatro anos depois, que se verificou a fusão de todas as Caixas remanescentes, por meio do Decreto 34.586, de 12/11/53, tendo sido criada a Caixa Nacional, mais tarde transformada em Instituto no ano de 1960, quando da publicação da Lei Orgânica da Previdência Social (LOPS).

A relevante inovação na seguridade ocorreu, entretanto, com o advento da Constituição Federal de 1988, que estabeleceu o *Sistema de Seguridade Social,* como sendo um objetivo a ser alcançado pelo Estado brasileiro, atuando simultaneamente nas áreas da Saúde, Assistência Social e Previdência Social, de tal sorte que as contribuições sociais passaram a custear as ações do Estado nestas três áreas e não mais somente no campo da Previdência Social.

Pelas ações na área de saúde, destinadas a oferecer uma política social com a finalidade de reduzir riscos de doenças e outros agravos, passou a ser responsável o Sistema Único de Saúde (SUS), órgão de caráter descentralizado. O direito à saúde passou, assim, a ser entendido como direito à assistência e ao tratamento gratuito no campo da medicina, sendo assegurado a toda população independentemente do pagamento de contribuições.

No âmbito da Assistência Social, passaram a ser asseguradas, também independentemente de contribuição, a proteção à família, à maternidade, à infância, à adolescência e a velhice etc. A execução das ações na área da Assistência Social ficou a cargo dos poderes públicos estaduais e municipais, entidades beneficentes e também de assistência social.

Já a habilitação e as reabilitações profissionais, associadas à atividade laborativa, passaram a representar encargos da Previdência, ficando a cargo das entidades de assistência social a habilitação e reabilitação de pessoas portadoras de deficiência não decorrente do trabalho ou de natureza congênita.

Em 1990 foi criado o INSS – Instituto Nacional do Seguro Social, autarquia que passou a substituir o INPS – Instituto Nacional da Previdência Social e o IAPS – Instituto de Administração Financeira da Previdência Social, nas funções de arrecadação e também nas de pagamento de benefícios e prestação de serviços. Nos dias atuais, o INSS é a entidade responsável pela arrecadação, fiscalização, cobrança, aplicação de penalidades e regulamentação do custeio do sistema de Seguridade Social e, bem assim, pela concessão de benefícios e serviços aos segurados e seus dependentes.

No ano de 1991 foram publicadas as Leis 8.212 e 8.213, dispondo, respectivamente, sobre o Plano de Custeio do Sistema de Seguridade Social e sobre os Planos de Benefícios, nesses inclusos os benefícios por acidentes de trabalho. A partir de 1993, várias alterações verificaram-se em relação àquelas leis, o que se deu por meio das Leis 8.742/1993; 9.528/1997 e também em razão das Emendas Constitucionais 20/1998, 41 e 42/2003.

A Seguridade Social, conforme disciplinada na Constituição Federal de 1988, sob o Título "Da Ordem Social", divide-se em Previdência Social, Assistência Social e Saúde. Dessa forma, as expressões Seguridade e Previdência não devem ser utilizadas como sinônimas, posto que a segunda representa apenas uma parte da primeira.

Com efeito, a Seguridade Social se apresenta como instituto constitucional mais amplo, na medida em que engloba tanto a Previdência Social quanto a Saúde e a Assistência Social. Representa, pois, gênero de que são espécies as três últimas, que não só a agregam como também a compõem.

O objetivo da Seguridade Social é o de proteger o homem como indivíduo, mais precisamente como segurado do sistema, independentemente de ser trabalhador ou não, contribuinte do custeio ou não.

Observe-se, por outro lado, que o regime disciplinado pela Constituição nos arts. 193 a 204 é o geral, possuindo regras que o diferem de outros regimes, a exemplo do que se aplica ao funcionalismo público, que, não obstante lastreado nos mesmos princípios, possui regras próprias.

Nosso estudo, portanto, está adstrito ao regime geral da Seguridade Social. Dessa forma, temos sucintamente que a Seguridade Social engloba:

▶ **A Previdência Social** – abrange, em caráter contributivo, a cobertura de contingências decorrentes de acidentes, doença, invalidez, velhice, desemprego, morte, proteção à maternidade, reclusão e também a concessão de aposentadorias.

▶ **A Assistência Social** – destina-se ao atendimento dos considerados hipossuficientes, assegurando, para os fins a que se dispõe, pequenos benefícios a serem concedidos para pessoas que nunca contribuíram para o sistema, consubstanciados em benefícios de caráter permanente e eventual.

▶ **A Saúde** – tem por objetivo o oferecimento de uma política social e econômica destinada a reduzir riscos de doenças e outros agravos, bem como o acesso universal igualitário às ações e serviços para sua promoção, proteção e recuperação.

O Direito da Seguridade Social

O Direito, enquanto ciência, possui princípios e regramentos próprios que lhe fornecem a estrutura basilar. Assim sendo, qualquer ramo ou sub-ramo que o componha estará embasado nos mesmos pilares. Em conseqüência, tratando-se de ciência una, é impossível falar-se em autonomia absoluta de qualquer de seus ramos ou sub-ramos, de tal sorte que qualquer deles gozará, em razão do objeto de estudo respectivo, de autonomia, que se dará, entretanto, sempre em caráter de relatividade. Por tal motivo, todos os ramos e sub-ramos sempre estarão articulados, guardando, portanto, estreita relação uns aos outros, não obstante a especificidade de seus objetos. O Direito da Seguridade Social relaciona-se, em especial, com os seguintes ramos da ciência jurídica:

- **Direito Constitucional** – a estrutura da Seguridade Social encontra-se delineada pela Carta Magna que, por sua vez, direciona os temas sobre os quais a lei ordinária irá complementá-la no que tange ao Sistema da Seguridade Social. Inegável é, portanto, a ligação do Direito da Seguridade Social com o Direito Constitucional. Com efeito, a Constituição de 1988, nos arts. 193 a 204, ao regular a Ordem Social, embute as regras e os princípios relativos à Seguridade Social, ainda que acerca da matéria existam também outros dispositivos esparsos no art. 7º, no que versa sobre o direito dos trabalhadores urbanos e rurais.

- **Direito do Trabalho** – a relação do Direito da Seguridade Social com o Direito do Trabalho se mostra tão estreita que leva, a não poucos doutrinadores, a conceber o Direito da Seguridade como um desmembramento do Direito do Trabalho, muito embora esta concepção já se mostre um tanto quanto superada. O equívoco, ainda que de forma aparente, se justifica tendo em vista que o Direito da Seguridade Social se utiliza de vários conceitos próprios do Direito do Trabalho, a exemplo dos de empregado, empregador, remuneração etc. Esclareça-se, ademais, que as primeiras relações securitárias deram-se, efetivamente, como decorrência de vínculos empregatícios. Contudo, os dois ramos do Direito não podem ser considerados como um único, basicamente por duas razões: em primeiro lugar, pelos princípios e regras próprios de cada um deles; em segundo, porque o Direito da Seguridade Social é ramo do direito público, ao passo que as relações jurídicas no direito do trabalho se estabelecem entre particulares. Representam, pois, ramos autônomos do Direito, muito embora se relacionem.

- **Direito Administrativo** – a correlação entre o Direito Administrativo e o Direito da Seguridade Social verifica-se em razão de ser a atividade estatal, relativa à Seguridade Social, desenvolvida por intermédio de uma autarquia gestora, isto é, de uma pessoa jurídica de direito público da Administração Indireta criada pela União, ou seja, o Instituto Nacional da Seguridade Social – INSS. Os atos administrativos, portanto, relativos à concessão de benefícios, ao exercício do poder de polícia, consistente por sua vez nas atividades fiscalizatórias realizadas pelo INSS e, bem assim, ao procedimento contencioso administrativo, dentre outras, representam atividades disciplinadas pelas regras do Direito Administrativo, embora sujeitas a disposições específicas do Direito da Seguridade Social.

▶ **Direito Civil** – o Direito da Seguridade Social adota vários institutos do Direito Civil, em especial os relativos ao Direito de Família, Obrigações e Sucessões. Para fins de ilustração, cita-se a discussão que se impõe no caso do falecimento do segurado, quando separado ou divorciado, quanto ao direito à pensão da ex-mulher.

▶ **Direito Comercial** – as empresas representam hoje, senão a maior, a principal fonte de recursos da Seguridade Social. Delas provêm a maior parte da arrecadação e, portanto, a maior participação no custeio dos futuros benefícios previdenciários a serem concedidos aos trabalhadores. O empresário, nesse aspecto, também demonstra relevância, visto ser um dos segurados obrigatórios individuais do sistema previdenciário. Por outro lado, não obstante os conceitos de empresário e de empresa serem hoje estabelecidos pelo Direito Civil, não se pode olvidar que outras normatizações a eles relativas e convergentes, a exemplo da Lei das Sociedades por Ações, são regidas pelo Direito Comercial que, deste modo, relaciona-se ao Direito da Seguridade Social.

▶ **Direito Penal** – o Código Penal tipifica os crimes praticados contra a seguridade, tais como a sonegação do recolhimento das contribuições (art. 337-A), a apropriação indébita previdenciária (art. 168-A) etc. Verificando-se a ocorrência de condutas que infrinjam a legislação previdenciária, o Direito Penal será aplicado bem como o Direito Processual Penal. Dessa forma, o Direito da Seguridade relaciona-se com estes outros ramos do Direito.

▶ **Direito Tributário** – a relação do Direito da Seguridade com o Direito Tributário se evidencia, em especial, no tocante ao custeio do sistema. Neste mister, contudo, existe divergência doutrinária no sentido de considerar-se ou não as contribuições previdenciárias como tendo natureza tributária. Entretanto, inegável a aplicação, na esfera do Direito da Seguridade, de definições como as de contribuinte e de responsável que nos são fornecidas pelo Direito Tributário. O mesmo diga-se a respeito da cobrança judicial dos créditos previdenciários que se dá por meio da Execução Fiscal, procedimento judicial afeto aos créditos de natureza tributária. Entendemos, ademais, que como esse tipo de contribuição enquadra-se na definição de tributo, conforme estabelecida no art. 3º do Código Tributário Nacional, na medida em que tem natureza compulsória, nos filiamos à parte da doutrina que as considera como uma modalidade de tributo. Em decorrência, verificam-se estreitas relações entre esses dois ramos do Direito.

Como visto, poderíamos nos estender nas relações que o Direito da Seguridade Social mantém ainda com outros ramos do Direito, mas acreditamos que a explanação feita até aqui já é suficiente para demonstrar que o Direito em comento, assim como qualquer outro ramo ou sub-ramo, possui autonomia meramente relativa, haja vista a especificidade de seu objeto de estudo.

▍Fontes do Direito da Seguridade Social

Fonte, do latim *fonas*, tem o significado de nascente na medida em que por meio dela se perquire sobre a origem de algo. Assim sendo, temos que o Direito, obrigatoriamente, deve possuir fontes que justifiquem sua origem, para que, dessa forma, possa ser considerado ciência. Essa natureza científica do Direito existe realmente e repousa na existência da própria sociedade, posto que o Direito somente se justifica enquanto regulador das relações jurídicas que se verificam entre os homens e entre esses e o Estado, seu administrador. As fontes do direito classificam-se como *principais* e *secundárias*.

Principais são as fontes capazes de impor direitos e obrigações e, nesse sentido, a única fonte principal é, especificamente, a lei. Isto ocorre porque a lei representa o modo pelo qual a sociedade autoriza seu gestor, o Estado, a praticar determinado ato, o que faz por intermédio do Poder Legislativo, por meio dos representantes que elege.

Secundárias, ao contrário, são fontes que não podem gerar, por si sós, direitos e obrigações, sendo dependentes da prévia existência de uma fonte principal, na medida em que se prestam, meramente, a auxiliar na aplicabilidade dessa e, assim, estão adstritas às disposições da lei. São fontes secundárias as resoluções, as instruções normativas etc. De qualquer forma, as disposições trazidas pelas fontes secundárias poderão ser impostas se assim estiver antes previsto em lei, pois, ao revés, as imposições serão ilegítimas.

As fontes principais, a seu turno, se subdividem em *reais* e *formais*. As primeiras consistem no objeto da relação jurídica a ser tutelado, as segundas, nas formas pelas quais se dará a proteção.

As fontes formais do direito da seguridade social são: a Constituição Federal, as leis complementares e ordinárias, os decretos, as portarias e qualquer outro ato normatizador.

Nesse aspecto, também a doutrina e a jurisprudência exercem importante papel, haja vista que analisam as disposições legais relativas à seguridade social.

As fontes reais, a seu turno, são representadas pelo complexo de fatores que ocasionam o surgimento de normas envolvendo fatos e valores. Consistem, portanto, em situações concretas, as quais cabe ao direito tutelar.

Vigência das Normas de Direito da Seguridade Social

Consiste a vigência na aptidão de um ato normativo para gerar efeitos, isto é, para produzir eficácia, seja perante o próprio ordenamento jurídico, seja perante a sociedade. Com efeito, pode a vigência ser *jurídica* ou *social*.

A vigência jurídica, a primeira a se verificar, ocorre quando a nova espécie normativa se impõe perante o ordenamento jurídico e ao qual passa a pertencer. Decorre, dentro do processo legislativo, do ato de *promulgação*, momento a partir do qual um projeto de lei se transforma em lei.

Enquanto a publicação é o ato pelo qual se noticia à sociedade que a ordem jurídica foi inovada, a vigência social implica no momento a partir do qual a nova espécie normativa passa a ser de exigência obrigatória perante aquela mesma sociedade. A vigência social subdivide-se, ainda, em vigência no espaço e no tempo.

No espaço, a norma será vigente no território do ente legislativo que a elaborou, ou seja, federal, estadual ou municipal.

Nesse sentido, as normas relativas à Seguridade Social são nacionais, posto que aplicáveis em todo o Brasil, tanto em relação aos nacionais quanto aos estrangeiros aqui residentes, por estarem sujeitos à mesma ordem jurídica. Tem-se, portanto, como regra o princípio da territorialidade, não havendo, nesse caso, a utilização genérica da hipótese da extraterritorialidade da lei, mas tão-somente específica.

Com efeito, a legislação pátria admite como segurado o brasileiro ou estrangeiro residente e domiciliado no Brasil e contratado para trabalhar no exterior para empresa brasileira, independentemente de estar amparado por outro regime previdenciário no local da execução do contrato. O mesmo ocorre em relação ao brasileiro civil que trabalha para a União Federal no exterior, em organismos oficiais brasileiros ou internacionais em que o Brasil seja membro efetivo, mesmo sendo domiciliado e contratado no estrangeiro, exceto a hipótese do país em que trabalhe possuir outro regime previdenciário.

No tempo, como regra geral, a nova norma produzirá efeitos a partir do momento especificado em cláusula de vigência determinada no ato da publicação. Caso na publicação não se verifique a cláusula de vigência, considera-se que a nova norma entrará em vigor no prazo de 45 dias contados da data em que for publicada, de acordo com a regra determinada pela Lei de Introdução ao Código Civil. Nos Estados estrangeiros, de acordo com a mesma regra, a obrigatoriedade da lei brasileira, quando admitida, inicia-se três meses depois de oficialmente publicada.

Entretanto, no que tange às contribuições da Seguridade Social, verifica-se uma regra de vigência específica e que vem determinada pelo art. 195, § 6º, da CF/88, que estabelece que as contribuições sociais, destinadas ao custeio da seguridade social, somente entram em vigor decorridos 90 dias da data da publicação da lei que houver instituído a contribuição, ou modificado a redação do texto legal. Assim, publicada uma norma que diga respeito a esse tipo de contribuição, aplica-se essa regra específica, independentemente de vir acompanhada da cláusula de vigência ou não. A doutrina denomina essa vigência como *anterioridade mitigada* ou *nonagesimal*.

Capítulo 2

Princípios da Seguridade Social

Um princípio pode ser definido como o ponto ou o fundamento a partir do qual algo começa ou, ainda, no embasamento que justifica a existência de uma ciência ou parte dela.

Tem-se, dessa forma, que em relação a uma ciência em particular, os princípios podem ser *gerais* ou *específicos*. São gerais quando fundamentam a ciência como um todo e, assim, aplicam-se a todos os seus ramos e sub-ramos. São específicos quando atingem um ramo em particular.

O Direito da Seguridade Social, ramo autônomo do Direito, é regido tanto por princípios gerais como por princípios específicos.

Os gerais, que assim se denominam por se aplicarem não só à Seguridade como também a outros ramos do direito, são os da *legalidade* e do *direito adquirido*. Os específicos encontram-se determinados pelos incisos do parágrafo único do art. 194 da Constituição Federal. Passemos, então, à análise de cada um deles.

Princípio da Legalidade

O Princípio da Legalidade impõe que a matéria relativa à Seguridade Social somente possa ser veiculada pela lei, sua fonte principal, muito embora para dar aplicabilidade aos dispositivos legais existam também as fontes secundárias, a exemplo dos decretos regulamentadores, das normas complementares, das instruções normativas etc.

Com efeito, os benefícios e serviços a serem disponibilizados às pessoas e, bem assim, as condições que tenham de implementar para deles ter direito devem ser determinadas pela lei.

Exemplificando, a aposentadoria, em suas diversas modalidades, só existe porque a lei disponibiliza tal benefício desde que a pessoa reúna as condições que a própria lei estabelece, para que dele possa gozar, seja em razão da idade, do tempo de contribuição, da invalidez ou das circunstâncias especiais a que a pessoa ficar exposta aos denominados agentes exógenos.

A lei, portanto, é efetivamente a fonte principal do Direito da Seguridade Social.

Direito Adquirido

Denomina-se direito adquirido aquele que, tendo em vista a reunião de todas as condições exigidas pela lei, já se encontra incorporado ao patrimônio de seu titular, de forma a permitir seu exercício quando assim entender conveniente.

Dessa feita, se sob a égide de legislação anterior uma pessoa reuniu todas as condições para gozar de determinado benefício previdenciário e, posteriormente, uma nova lei vem a modificar tais condições, o titular do direito adquirido poderá dele fazer uso nos moldes da antiga legislação, visto que, dentro do período de validade da norma, reuniu as condições por ela exigidas.

Nesse aspecto, entretanto, se faz de rigor a distinção entre *faculdade*, *expectativa de direito* e *direito adquirido*.

A faculdade diz respeito à opção que a pessoa pode exercer em adquirir ou não um direito, representando, portanto, uma escolha da pessoa. Assim, por exemplo, a pessoa tem a escolha de contribuir para o regime geral da Seguridade Social se pretender se aposentar futuramente por esse regime. A faculdade se consubstancia, pois, na *facultas agendi*.

A expectativa de direito, por outro lado, consiste na situação em que a pessoa, já tendo exercido a opção acerca da obtenção de determinado direito, está ainda a reunir as condições para exercê-lo, a exemplo da pessoa que, contribuindo para o sistema, não tenha integralizado o número determinado de contribuições exigíveis para o exercício do direito.

O direito adquirido, por fim, representa a situação na qual a pessoa fez a opção para obter determinado direito e efetivamente reuniu todas as condições que a lei exigia para seu exercício. Ou seja, é direito que já se materializou no patrimônio jurídico daquela pessoa.

Cabe ressaltar, entretanto, que nos exatos termos do *caput* do art. 17 do ADCT não cabe a alegação de direito adquirido em face da Constituição Federal, na medida em que referido artigo dispõe que:

> "Os vencimentos, a remuneração, as vantagens e os adicionais, bem como os proventos de aposentadoria que estejam sendo percebidos em desacordo com a Constituição serão imediatamente reduzidos aos limites dela decorrentes, não se admitindo, neste caso, invocação de direito adquirido ou percepção de excesso a qualquer título."

De fato, verifica-se que o direito adquirido, embora direito de natureza individual, somente pode ser alegado em plano infraconstitucional, mas jamais em face da Constituição Federal. Em outras palavras, a *lei* não pode prejudicar o direito adquirido (art. 5º, XXXVI, da CF), mas o mesmo não poderá ser oposto a uma nova ordem constitucional quando essa vier a se verificar.

Analisados os princípios gerais do Direito da Seguridade Social, passemos ao estudo dos princípios específicos deste ramo autônomo do Direito e que, conforme já mencionado anteriormente, encontram-se na sua maior parte previstos nos incisos do art. 194 da CF. Antes, porém, analisaremos o princípio fundamental da Seguridade Social, qual seja, o da Solidariedade.

Princípio da Solidariedade, ou Solidarismo ou Mutualismo

O art. 3º da CF, ao elencar os objetivos fundamentais da República Federativa do Brasil, determina, em seu inciso I, a construção de uma sociedade livre, justa e solidária. A idéia do solidarismo dentro de nosso ordenamento jurídico encontra-se, pois, já determinada neste dispositivo constitucional.

Princípio basilar da Seguridade, o solidarismo impõe que a sociedade, toda ela, deve se cotizar a fim de constituir um fundo, cujas receitas possam ser destinadas aos mais necessitados, quando da verificação de determinadas contingências, a exemplo da velhice, da doença, da invalidez etc.

Nesse mister, se faz necessária a observação de que, tratando-se da Seguridade Social, ora o princípio é utilizado em seu sentido absoluto, ora em seu sentido relativo. Isto porque alguns benefícios são disponibilizados mediante contribuição para o sistema, enquanto outros independem da mesma. Assim ocorre, por exemplo, com as concessões das aposentadorias e da renda mensal vitalícia, respectivamente.

Desse modo, quando a lei impõe a obrigatoriedade de contribuições para que a pessoa possa gozar de benefícios e serviços, como se verifica em relação àqueles que são disponibilizados pela Previdência Social, temos o princípio da solidariedade aplicado em sua conotação relativa, visto que só terão acesso às prestações previdenciárias aqueles que tiverem contribuído para o Regime Geral da Previdência. Já em relação ao benefício da renda mensal vitalícia e outros serviços disponibilizados em âmbito da Saúde e da Assistência Social, que também integram o Sistema da Seguridade Social, serão os mesmos concedidos aos comprovadamente necessitados independentemente de contribuição, ensejando a aplicação do princípio da solidariedade em seu sentido absoluto.

▌Princípio da Universalidade da Cobertura e do Atendimento

O princípio em questão impõe que uma vez disponibilizada determinada prestação da Seguridade Social essa será aplicável, em todo o território nacional, a todas as pessoas independentemente de serem nacionais ou estrangeiras, bastando que estejam submetidas ao ordenamento jurídico brasileiro.

Princípio da Uniformidade e Equivalência dos Benefícios e Serviços

O princípio, na realidade, desdobra-se em dois, quais sejam, a *uniformidade* e a *equivalência*.

A uniformidade diz respeito às contingências que serão cobertas pelo sistema da Seguridade Social e que serão disponibilizadas às populações urbanas e rurais. Verifica-se, nesse sentido, que tanto as pessoas das regiões urbanas quanto as das regiões rurais terão direito ao mesmo tipo de cobertura. A uniformidade estabelecida pela Constituição Federal, em termos de Seguridade Social, contudo, verifica-se tão-somente para o Regime Geral, não se aplicando a todas as pessoas, visto estarem excluídas deste regime os servidores civis, militares etc., na medida em que estão engajados em regimes próprios. Com efeito, veda o princípio da uniformidade que existam distinções entre as populações urbanas e rurais, em relação às contingências que o sistema irá cobrir, no que respeita ao Regime Geral da Previdência Social.

A equivalência, a seu turno, considera determinados parâmetros para fins de concessão das prestações às populações urbanas e rurais, a exemplo do sexo, da idade, do tempo de contribuição etc.

Nesse aspecto, verifica-se que o *princípio da igualdade*, conforme determinado no *caput* do art. 5º da CF, em matéria de Seguridade Social, tem aplicação material e não formal. Com efeito, a legislação relativa à Seguridade Social impõe determinadas limitações, nem sempre justificáveis, ao princípio da isonomia.

Ilustrando algumas das desigualdades que se verificam no âmbito da matéria, tem-se a questão da concessão das aposentadorias por idade e por tempo de contribuição, em que uma e outra são diferentes tratando-se de homens e de mulheres. O mesmo se verifica em relação aos trabalhadores urbanos e rurais, em que o tempo de contribuição exigido também não é o mesmo.

Vê-se, portanto, que na Seguridade Social a disponibilização das coberturas não é igualitária e sim eqüitativa, em razão dos parâmetros impostos para a concessão das prestações.

Sintetizando o entendimento acerca dos princípios em comento, ensina Sérgio Pinto Martins que enquanto a uniformidade vai dizer respeito aos aspectos objetivos, às condições que serão cobertas, a equivalência vai tomar por base o aspecto pecuniário ou do atendimento, que não serão necessariamente iguais, mas equivalentes, na medida do possível, dependendo do tempo de contribuição, coeficiente de cálculo, sexo, idade etc.

Princípio da Seletividade e Distributividade dos Benefícios e Serviços

Mais uma vez o constituinte englobou em um só princípio dois objetivos distintos, o da *seletividade* e o da *distributividade*. Passemos a analisá-los.

A seletividade impõe a escolha das coberturas diante das disponibilidades de caixa do sistema, ou seja, tendo em vista o numerário, quais contingências poderão ser cobertas.

A distributividade, por sua vez, impõe a forma pela qual, uma vez existente a cobertura, as prestações serão devidas aos que a elas tiverem direito. O princípio impõe, portanto, que nem todos terão direito a todas as coberturas nem a quantidades iguais delas. Exemplificando, os benefícios relativos ao salário-família e ao auxílio-reclusão somente terão por destinatários os segurados de baixa renda, assim determinado nos termos da lei.

Nesse sentido, pode-se afirmar que a distributividade tem por objetivo a distribuição de renda, na medida em que busca socorrer aos mais necessitados, assim considerados pela lei dentro do sistema.

Princípio da Irredutibilidade do Valor dos Benefícios

O art. 206 da CF, abrindo a Seção relativa à Previdência Social, em especial nos §§ 2º, 3º e 4º, traz disposições que reiteram a vedação que determina que, uma vez concedido, o valor do benefício não poderá sofrer redução.

Entretanto, e diante das prescrições do mencionado art. 206, algumas ressalvas hão de ser feitas.

Em primeiro lugar, observa-se da leitura dos §§ 3º e 4º que todos os salários de contribuição, considerados para o cálculo de benefício, serão devidamente atualizados na forma da lei e que, uma vez concedida a prestação, fica assegurado o seu reajustamento a fim de preservar-lhe em caráter permanente o valor real, adotando-se para tanto os critérios que assim forem definidos em lei.

Referidas disposições, contudo, embutem disparidades. Isso ocorre porque, embora garantindo a própria Constituição a irredutibilidade dos benefícios, a fixação dos critérios para o reajustamento é delegada à lei ordinária que, por sua vez, tendo em vista a natureza orçamentária da matéria, os fixará tendo por base o numerário disponível e que comporte o reajuste sem pôr o sistema em risco e, portanto, sem garantir o valor *real* do benefício, mas sim seu valor *nominal*. Desta forma, garante-se que o valor seja reajustado de acordo com os índices adotados pelo governo, mas não se garante, efetivamente, que o valor de compra representado pela quantia recebida a título de benefício, para fins de subsistência, seja mantido.

Em segundo lugar, estabelece o § 2º do mesmo artigo que nenhum benefício que substitua o salário de contribuição ou rendimento do trabalho do segurado terá valor inferior ao salário mínimo. Nesse sentido, verifica-se que o valor do salário mínimo também será fixado por lei, observando-se as dotações orçamentárias de forma a evitar colapsos no sistema. Consiste, assim, em determinação política, e não real, quanto ao valor fixado para cada exercício financeiro. Observe-se, ademais, que a garantia constitucional para a fixação do piso, qual seja, um salário mínimo, para fins de pagamento diz respeito apenas aos benefícios pagos em substituição ao salário-de-contribuição e não a todo e qualquer benefício. Desta maneira, o benefício que tenha finalidade indenizatória, como ocorre com o auxílio-acidente, poderá ter valor inferior ao mínimo legal.

Princípio da Eqüidade na Forma de Participação no Custeio

Referido princípio deriva do *princípio da capacidade contributiva* e que, por sua vez, origina o *princípio da isonomia material,* impondo que os valores a serem pagos pelos contribuintes do sistema não sejam iguais e sim equânimes. Em outras palavras, aqueles que possuírem melhores condições financeiras deverão contribuir mais do que aqueles que possuírem condições menos favoráveis. Da mesma forma, os contribuintes que se encontrarem na mesma faixa de disponibilidade patrimonial, assim definida em lei, deverão contribuir para o sistema mediante a aplicação de alíquotas iguais.

Princípio da Diversidade da Base de Financiamento

O custeio do sistema da Seguridade Social é feito indiretamente por toda a sociedade, com parte da receita proveniente de impostos, e diretamente por meio das contribuições da seguridade social, cujas fontes, atualmente existentes, encontram-se previstas no art. 195 da CF, a saber:

I – do empregador, da empresa e da entidade a ela equiparada na forma da lei, incidentes sobre:

    a) a folha de salários e demais rendimentos do trabalho pagos ou creditados, a qualquer título, à pessoa física que lhes preste serviço, mesmo sem vínculo empregatício;

    b) a receita ou o faturamento;

    c) o lucro;

II – do trabalhador e dos demais segurados da previdência social, não incidindo contribuição sobre a aposentadoria e pensão concedidas pelo regime geral de previdência social de que trata o art. 201;

III – sobre a receita de concurso de prognósticos;

IV – do importador de bens ou serviços do exterior, ou de quem a lei a ele equiparar.

Com efeito, hoje temos que a diversidade na forma de custeio do sistema relativo à Seguridade Social é feita por intermédio das quatro fontes, muito embora, nos termos do § 4º do mesmo dispositivo, verifique-se a autorização constitucional à instituição de outras fontes destinadas à manutenção ou expansão da Seguridade Social, desde que obedecido o art. 154, I, da CF, que veda o fenômeno do *bis in idem*. Assim, será constitucional a instituição de outras contribuições sociais, além das atualmente previstas, desde que, criadas por lei complementar, não sejam cumulativas e não tenham o mesmo fato gerador ou base de cálculo de uma contribuição já prevista constitucionalmente.

Princípio do Caráter Democrático e Descentralizado da Administração

O princípio determina que a gestão dos recursos proveniente das arrecadações destinadas à Seguridade Social seja feita de maneira democrática e descentralizada, visando à maior transparência no gerenciamento das receitas e de sua aplicação. Para tanto, exige a Constituição que referida gestão se dê de forma quadripartite, mediante a participação dos trabalhadores, empregadores, aposentados e do próprio Governo, por meio de órgãos colegiados, estabelecidos em lei para esse fim.

Com tal objetivo, o art. 3º da Lei 8.213/91, instituiu o Conselho Nacional de Previdência Social – CNPS, órgão de deliberação colegiada, composto da seguinte forma:

I – seis representantes do Governo Federal;

II – nove representantes da sociedade civil, sendo:

a) três representantes dos aposentados e pensionistas;

b) três representantes dos trabalhadores em atividade;

c) três representantes dos empregadores.

Os membros do CNPS, de acordo com referida lei, bem como seus suplentes, são nomeados pelo Presidente da República. Os representantes titulares da sociedade civil têm mandato de dois anos, podendo ser reconduzidos de imediato e uma única vez.

Os representantes dos trabalhadores, aposentados e empregadores, e bem assim seus respectivos suplentes, são indicados pelas centrais sindicais e confederações nacionais, sendo-lhes assegurada a estabilidade no emprego desde a nomeação até um ano após o término do mandato, podendo, entretanto, ser demitidos por motivo de falta grave, regularmente comprovada através de processo judicial.

O art. 7º do mencionado diploma legal instituiu os Conselhos Estaduais e Municipais de Previdência Social, órgãos subordinados ao Conselho Nacional de Previdência Social.

De igual modo, o art. 17 da Lei 8.742/93 instituiu o Conselho Nacional de Assistência Social, constituído por representantes do Governo e também da sociedade civil.

Princípio da Preexistência da Fonte de Custeio

Referido princípio encontra-se estabelecido no § 5º do art. 195 da CF, determinando que nenhum benefício ou serviço da seguridade poderá ser criado, majorado ou estendido, sem que exista a correspondente fonte de custeio total.

Parte 2

CUSTEIO DA SEGURIDADE SOCIAL

Lei 8.212/91

Capítulo 1

Natureza Jurídica das Contribuições da Seguridade Social

A doutrina muito tem se debatido acerca da natureza jurídica das contribuições previdenciárias sem que, até o momento, haja um entendimento pacífico sobre a matéria. Alguns entendem que sua natureza esteja associada ao Direito do Trabalho, enquanto outros entendem-na derivada do Direito Tributário. Outros, ainda, entendem que as contribuições têm natureza jurídica própria e independente daqueles ramos do Direito.

Por conta disso, surgiram algumas teorias buscando lastrear os diversos pontos de vista, as quais se passa a analisar a partir de agora.

Teorias Baseadas no Direito do Trabalho

- **Teoria do Salário Diferido** – para os que defendem essa teoria, o empregador desmembraria o salário do empregado, pagando a este uma parte e destinando outra ao INSS para a formação de um fundo do qual, no futuro, o empregado irá buscar os recursos para sua subsistência, seja em razão da aposentadoria, seja em razão da ocorrência de algum evento infortunístico. Dessa forma, as contribuições previdenciárias consistiriam num tipo de salário diferido com aquela finalidade. A crítica a essa teoria reside no fato de que as contribuições do empregado não representam salários, pois os benefícios são pagos pelo INSS e não pelo empregador e, ademais, pode não consistir no mesmo valor que o empregado recebia, a título de salário, quando, na ocasião em que se encontrava na atividade. Acrescente-se que outros tipos de segurados, que também têm direito aos benefícios, não desempenham atividades que sejam remuneradas por salários, tal qual ocorre com os profissionais liberais.

▶ **Teoria do Salário Atual** – prega que o trabalho do empregado seria remunerado de duas formas, quais sejam, uma que lhe seria paga diretamente pelo empregador pela compra da força de trabalho e outra obrigatoriamente destinada à Seguridade Social, visando à subsistência futura do empregado quando este não mais estiver em atividade. A crítica à teoria se dá no sentido de que os benefícios não serão pagos pelo empregador e que também não há qualquer atualidade no valor pago a título do benefício e o recebido pelo empregado a título de salário.

▶ **Teoria do Salário Social** – a teoria prega que a contribuição previdenciária seria uma espécie de salário socializado que seria pago ao empregado, quando da inatividade, por toda a sociedade. A crítica se dá no mesmo sentido das anteriores, posto que não é o empregador que paga os benefícios, mas o INSS, e seu valor não será, necessariamente, o mesmo que o empregado recebia como salário.

Observa-se que as teorias de cunho trabalhista limitam a obrigatoriedade da contribuição previdenciária ao contrato de trabalho, sendo certo, entretanto, que existem outros tipos de segurados que receberão também os benefícios previdenciários, porque contribuíram para a previdência, independentemente de vínculo empregatício. De igual modo, certo é que o salário representa a retribuição paga pelo empregador pela compra da força de trabalho do empregado e, assim, não deve ser confundido com os benefícios que são pagos pela previdência, além do que os valores percebidos a título de um ou de outro, via de regra, são distintos.

Teorias Baseadas no Direito Tributário

▶ **Teoria Fiscal** – atribui a natureza tributária às contribuições previdenciárias tendo em vista a compulsoriedade legal de sua exigência. Os que criticam tal teoria fundamentam-se no Código Tributário Nacional que, em seu art. 5º, determina como espécies tributárias apenas os impostos, as taxas e as contribuições de melhoria.

▶ **Teoria Parafiscal** – também atribuindo a natureza tributária às contribuições previdenciárias, a teoria é utilizada por aqueles que classificam os tributos quanto à finalidade, como fiscais, extrafiscais e parafiscais. Fiscais são os tributos criados com a única e exclusiva finalidade de abastecer de recursos os cofres públicos, a exemplo do Imposto de Renda. Os extrafiscais, a seu turno, são criados com a finalidade de regular a balança econômico-comercial, como ocorre com os impostos de Importação e de Exportação. Finalmente, os parafiscais têm seus recursos destinados à manutenção de determinadas entidades que disponibilizam utilidades aos seus filiados.

Realmente, muito embora as contribuições previdenciárias não estejam previstas dentre as espécies tributárias, como determinadas pelo Código Tributário Nacional, não se pode olvidar que referidas contribuições têm previsão expressa no art. 149 da CF, inserido no regramento do Sistema Tributário Nacional. Assim, não obstante as críticas de outras correntes, filiamo-nos à parte da doutrina que as concebe como tributos.

Capítulo 2

Contribuintes e Segurados

Conforme já mencionado em capítulo anterior, a Seguridade Social é financiada de forma direita através das contribuições sociais, cujas fontes encontram-se previstas no art. 195 da CF e, de forma indireta, por toda a sociedade mediante parte da receita proveniente de impostos, quando necessário lançar mão da tal fonte. Além dessas fontes, outras receitas também são destinadas ao custeio da seguridade, a exemplo das contribuições de terceiros, dos clubes de futebol etc.

No custeio direto, encontramos a figura do contribuinte da seguridade e também a do responsável, cuja definição nos é fornecida pelo Código Tributário Nacional – CTN, na medida em que o Direito Tributário se constitui na principal fonte subsidiária do Direito da Seguridade Social, em razão da natureza jurídica dessa modalidade de contribuição social.

De acordo com o art. 121 do CTN, contribuinte é a pessoa física ou jurídica que tem relação pessoal e direta com a situação que constitui o respectivo fato gerador da obrigação de pagar o tributo, ao passo que o responsável é a pessoa física ou jurídica que, sem revestir a condição de contribuinte, tem sua obrigação decorrente de expressa disposição legal.

Com efeito, podemos afirmar que enquanto a obrigação do contribuinte decorre de seu interesse no fato gerador da obrigação correspondente, o responsável vincula-se indiretamente à relação jurídico-tributária, porque, assim, a lei lhe impõe a obrigação.

Dessa forma, superadas as respectivas conceituações, passemos à análise do art. 12 e seguintes da Lei 8.212/91, que disciplina o Plano de Custeio da Seguridade Social.

Contribuintes e Segurados

Na atual disciplina conferida pela Constituição Federal temos que são contribuintes da Seguridade Social os empregadores, empresas e as entidades a elas equiparadas e os trabalhadores.

Por outro lado, embora tenham a condição de contribuintes, visto que elencados pela Constituição Federal dentre as fontes de custeio, nem todos possuirão a condição de segurado. Isto se verifica porque apenas as pessoas físicas poderão gozar das prestações da Seguridade Social, não obstante as pessoas jurídicas, tendo também a qualidade de contribuintes, jamais terão a qualidade de seguradas, haja vista representarem meras abstrações às quais a lei atribui personalidade.

Em síntese, podemos conceituar o segurado como toda pessoa física que enquadrando-se, nas condições estabelecidas em lei, faz jus a pelo menos algumas prestações disponibilizadas pela Seguridade Social.

De acordo com as disposições da lei relativa ao Plano de Custeio, os segurados podem ser classificados como *obrigatórios* (*comuns, individuais, especiais*) e *facultativos*. Passemos, pois, ao estudo de cada uma dessas modalidades.

Segurados Obrigatórios Comuns

São os contribuintes cuja obrigação de contribuir para com a Seguridade Social deriva de vínculo empregatício e, assim, temos os empregados, os domésticos e os trabalhadores temporários.

Nos termos do art. 12 da mencionada Lei, consideram-se como *empregado* as seguintes pessoas físicas:

a) aquele que presta serviço de natureza urbana ou rural à empresa, em caráter não eventual, sob subordinação e mediante remuneração, inclusive o diretor empregado.

Quanto aos requisitos determinados pela alínea, é de observar-se, primeiramente, que no tocante à natureza urbana ou rural do trabalho a legislação relativa à Seguridade Social não leva em conta o local onde o trabalho é prestado, mas sim a natureza do próprio trabalho, ou seja, a atividade que é desenvolvida pelo trabalhador. Desse modo, se a prestação desenvolvida pelo empregado tem natureza agropecuária, ainda que exercida dentro de zona considerada urbana, a natureza do trabalho será rural e vice-versa. Em segundo lugar, é de verificar-se que o trabalho deve ser prestado em caráter de habitualidade, ou seja, não eventual, sendo, ademais, exercido mediante subordinação e mediante remuneração, isto é, não pode dar-se de forma gratuita.

Diretor empregado, a seu turno, é a pessoa física contratada para exercer as funções relativas ao cargo de diretor, sem que tenha a condição de sócio, estando subordinado às ordens de outrem e remunerado pela prestação que desenvolve.

b) aquele que, contratado por empresa de trabalho temporário, definida em legislação específica, presta serviço para atender a necessidade transitória de substituição de pessoal regular e permanente ou a acréscimo extraordinário de serviços de outras empresas.

Temos aqui a figura do *trabalhador temporário*. Nota-se, em primeiro lugar, que o trabalhador é empregado da empresa de trabalho temporário e não da empresa tomadora de seus serviços.

Nos termos da Lei 6.019/74, que dispõe sobre a matéria, compreende-se como empresa de trabalho temporário a pessoa física ou jurídica *urbana*, cuja atividade consiste em colocar à disposição de outras empresas, temporariamente, trabalhadores, devidamente qualificados, por elas remunerados e assistidos. Por determinação deste diploma legal, o contrato entre a empresa de trabalho temporário e a tomadora dos serviços deverá ser, obrigatoriamente, escrito e do qual deverá constar o motivo justificador da demanda de trabalho temporário, bem como as modalidades da remuneração. Esse contrato, com relação a um mesmo empregado, não poderá exceder de três meses, sob pena de configurar-se o vínculo entre ele e a empresa tomadora.

Já o contrato de trabalho celebrado entre a empresa de trabalho temporário e cada um dos assalariados colocados à disposição da empresa tomadora será, obrigatoriamente, escrito, devendo dele constar os direitos conferidos aos trabalhadores nos termos da mesma Lei.

c) o brasileiro ou estrangeiro domiciliado e contratado no Brasil para trabalhar como empregado em sucursal ou agência de empresa nacional no exterior.

Lembrando que sucursal representa o estabelecimento dependente de outro, exige-se que, independentemente de ser brasileiro ou estrangeiro, o trabalhador seja domiciliado e também contratado no Brasil, sendo necessário, ainda, que a empresa seja domiciliada no exterior, sendo irrelevante que o trabalho seja prestado na sucursal ou na empresa propriamente dita.

d) aquele que presta serviço no Brasil à missão diplomática ou à repartição consular de carreira estrangeira e a órgãos a ela subordinados, ou membros dessas missões e repartições, excluídos o não-brasileiro sem residência permanente no Brasil e o brasileiro amparado pela legislação previdenciária do país da respectiva missão diplomática ou repartição consular.

Em primeiro lugar, é de observar-se que estão excluídos da prescrição da alínea o estrangeiro que não resida em caráter permanente no Brasil, haja vista que não está submetido ao ordenamento jurídico pátrio, e o brasileiro que estiver amparado pela legislação previdenciária alienígena. O requisito exigível, portanto, é que o empregado, nas situações estabelecidas pelo artigo, preste os serviços no Brasil.

e) o brasileiro civil que trabalha para a União, no exterior, em organismos oficiais brasileiros ou internacionais dos quais o Brasil seja membro efetivo, ainda que lá domiciliado e contratado, salvo se segurado na forma da legislação vigente no país do domicílio.

Exige-se, portanto, que o empregado seja brasileiro, civil e domiciliado e contratado no exterior para prestar serviços à União. Não será considerado segurado obrigatório se estiver amparado pela legislação do país em que estiver domiciliado.

f) o brasileiro ou estrangeiro domiciliado e contratado no Brasil para trabalhar como empregado em empresa domiciliada no exterior, cuja maioria do capital votante pertença a empresa brasileira de capital nacional.

A Constituição Federal não mais faz menção à empresa brasileira de capital nacional, motivo pelo qual não há aplicação da referida alínea.

g) o servidor público ocupante de cargo em comissão, sem vínculo efetivo com a União, Autarquias, inclusive em regime especial, e Fundações Públicas Federais.

A alínea em questão foi acrescentada ao art. 12 da Lei 8.212/91 pela Lei 8.647/93.

Em idêntico sentido, o § 13 do art. 40 da CF, acrescentado pela EC 20/98, dispõe que ao servidor ocupante, exclusivamente, de cargo em comissão declarado em lei de livre nomeação e exoneração, bem como de outro cargo temporário ou de emprego público, aplica-se o Regime Geral da Previdência Social.

h) os deputados federais, senadores e seus suplentes, os governadores, os deputados estaduais, os prefeitos e os vereadores, que estarão vinculados ao Regime Geral da Previdência Social.

A alínea *h* do dispositivo foi acrescentada pela Lei 9.506/97, em razão do Instituto de Previdência dos Congressistas. Por outro lado, tendo em vista as disposições do art. 195 da CF, que elenca as fontes de custeio, referida alínea foi taxada como inconstitucional.

Diante da argüição de inconstitucionalidade, o Supremo Tribunal Federal decidiu que o exercente de mandato eletivo, não sendo regido pelas disposições da Consolidação das Leis do Trabalho, não poderia ser considerado contribuinte obrigatório do Regime Geral de Previdência Social.

Em decorrência dessa decisão, a Lei 10.887/04 acresceu a alínea *j* ao art. 12 da Lei 8.212/91, a fim de dispor que o exercente de mandato eletivo federal, estadual ou municipal será contribuinte da previdência social, desde que não vinculado a regime próprio.

i) o empregado de organismo oficial internacional ou estrangeiro em funcionamento no Brasil, salvo quando coberto por regime próprio de previdência social.

A alínea em estudo foi acrescentada pela Lei 9.876/99, de forma que os empregados que prestam, no Brasil, serviços a organismos internacionais passaram a ser segurados obrigatórios da previdência social desde que não albergados por regime próprio.

Empregados Domésticos

São considerados empregados domésticos aqueles que prestam serviços, de natureza contínua, a pessoa ou família, no âmbito residencial desta, em atividades sem fins lucrativos. É o que dispõe o art. 12, II, da Lei 8.212/91.

Da referida disposição observa-se que, para a configuração do vínculo empregatício doméstico, a prestação dos serviços deve possuir natureza contínua. Com efeito, não será considerado doméstico aquele que presta serviços uma vez por mês, como é o caso de algumas faxineiras, visto estar ausente o requisito da continuidade.

De igual modo, há necessidade de o serviço ser prestado no âmbito familiar, devendo, ainda, verificar-se o requisito da onerosidade, ou seja, a prestação deve ser remunerada.

Por outro lado, não poderá a pessoa ou a família visar lucro com o serviço prestado pelo empregado, sendo certo que referido serviço há de ser prestado mediante subordinação.

São exemplos de empregados domésticos: a copeira, a cozinheira, a arrumadeira etc.

Segurados Obrigatórios Individuais

São segurados obrigatórios individuais os autônomos, os equiparados a autônomo, os eventuais e os empresários.

Nos termos do art. 12, V, da Lei 8.212/91, são considerados contribuintes individuais da previdência social:

a) a pessoa física, proprietária ou não, que explora atividade agropecuária ou pesqueira, em caráter permanente ou temporário, diretamente ou por intermédio de prepostos e com auxílio de empregados, utilizados a qualquer título, ainda que de forma não contínua.

A redação da alínea em estudo foi dada pela Lei 9.876/99. Como requisitos para que a pessoa seja considerada contribuinte individual verifica-se que a mesma, além de ser pessoa física, deve explorar a atividade agropecuária ou pesqueira, mas não em regime familiar, haja vista que se valerá do auxílio de empregados, sendo irrelevante a continuidade dos serviços prestados.

b) a pessoa física, proprietária ou não, que explora atividade de extração mineral-garimpo, em caráter permanente ou temporário, diretamente ou por intermédio de prepostos, com ou sem o auxílio de empregados, utilizados a qualquer título, ainda que de forma não contínua.

A alínea também foi acrescentada ao art. 12 pela Lei 9.876/99. Verifica-se, entretanto, que nesse caso, embora havendo a exigência quanto a ser pessoa física, não haverá necessidade de que a atividade de extração mineral tenha o auxílio de empregados.

c) ministro de confissão religiosa e o membro de vida consagrada de congregação ou de ordem religiosa.

   A redação da alínea foi dada pela Lei 10.403/02. Anteriormente, havia a exigência de que as pessoas mencionadas no dispositivo fossem mantidas pela entidade a qual pertencessem, e que, como visto, não mais se verifica.

   Dos ensinamentos de Sérgio Pinto Martins temos que tais pessoas, anteriormente denominadas eclesiásticas, são as que servem sistematicamente a Deus, ministrando serviços religiosos, podendo ter ordenação ou não, mas dedicando-se a divulgar sua crença, celebrando cultos e outras atividades correlatas. O membro de instituto de vida consagrada é aquele que emite voto, mediante aprovação da autoridade religiosa competente. O membro de ordem ou congregação religiosa é o que professa os votos que são adotados na sua ordem ou congregação.

d) alínea revogada pela Lei 9.876/99.

e) o brasileiro civil que trabalha no exterior para organismo internacional do qual o Brasil é membro efetivo, ainda que lá domiciliado e contratado, salvo quando coberto por regime próprio de previdência social.

   Mutatis mutandis, verifique-se o que já explanado em item anterior, nesse mesmo sentido.

f) o titular de firma individual urbana ou rural, o diretor não empregado e o membro de conselho de administração de sociedade anônima, o sócio solidário, o sócio de indústria, o sócio-gerente e o sócio-cotista, que recebe remuneração decorrente de seu trabalho em empresa urbana ou rural, e o associado eleito para cargo de direção em cooperativa, associação ou entidade de qualquer natureza ou finalidade, bem como o síndico ou administrador eleito para exercer atividade de direção condominial, desde que receba remuneração.

   Referida alínea foi acrescida pela Lei 9.876/99. Verifica-se que a condição de contribuinte obrigatório individual, exceção feita ao titular de firma individual, lhe é conferida em razão da participação como sócio ou associado e que receba, das respectivas sociedades ou associações, a remuneração correspondente, o mesmo se verificando em relação ao síndico de condomínio. Ressalve-se, entretanto, que as sociedades de capital e indústria, a partir da entrada no novo Código Civil, não têm mais previsão legal.

g) quem presta serviço de natureza urbana ou rural, em caráter eventual, a uma ou mais empresas, sem relação de emprego.

Referida alínea também foi acrescida ao art. 12 pela Lei 9.876/99, dispõe sobre o *trabalhador eventual*. Com efeito, independentemente de a prestação do serviço dar-se no âmbito urbano ou rural, caracteriza o contribuinte individual, de acordo com a prescrição da alínea, a natureza eventual do serviço que é prestado por ele sem vínculo empregatício.

h) a pessoa física que exerce, por conta própria, atividade econômica de natureza urbana, com fins lucrativos ou não.

Esta alínea também foi acrescida pela Lei 9.876/99, e trata do denominado *trabalhador autônomo*. Esse tipo de trabalhador é o que desenvolve, por sua conta e risco, a prestação de serviços, que disponibiliza a terceiros, sem vínculo empregatício e com natureza urbana.

Trabalhador Avulso

Também considerado contribuinte obrigatório individual, trabalhador avulso é aquele que presta, a diversas empresas e sem vínculo empregatício, serviços de natureza urbana ou rural que sejam definidos no Regulamento da Previdência Social.

Vale lembrar que o que distingue o trabalhador avulso do eventual é o fato de que o primeiro, sendo sindicalizado ou não, presta serviços de natureza urbana, necessariamente, com a intermediação de um sindicato. Já com relação ao segundo não se verifica referida intermediação, podendo a prestação de seus serviços ter natureza urbana ou rural.

Segurados Obrigatórios Especiais

São considerados segurados obrigatórios especiais, nos termos do art. 12, VII, da Lei 8.212/91, o produtor rural, o pescador artesanal e o aposentado que voltar a exercer atividade remunerada. De acordo com o referido inciso, é segurado especial:

a) o produtor, o parceiro, o meeiro e o arrendatário rurais, o pescador artesanal e o assemelhado, que exerçam essas atividades individualmente ou em regime de economia familiar, ainda que com auxílio eventual de terceiros, bem como seus respectivos cônjuges ou companheiros e filhos menores de quatorze anos ou a eles equiparados, desde que trabalhem, comprovadamente, com o grupo familiar respectivo.

Primeiramente, no que toca à idade dos filhos ou equiparados, verifica-se que a CF estabelece dezesseis anos como idade mínima para o trabalho do menor.

Quanto às figuras que o dispositivo determina, cabe diferenciar as do parceiro, do meeiro e do arrendatário.

Parceiro é quem celebra com um proprietário contrato de parceria agropecuária de modo que os lucros obtidos, em razão da atividade, sejam entre eles divididos conforme proporção ajustada no instrumento.

Meeiro, por outro lado, é aquele que celebra com o proprietário da terra um contrato de meação, por meio do qual os rendimentos serão divididos, pela metade, entre ambos. O conceito de rendimento, nesse sentido, é mais amplo do que o de lucro, por envolver não só o resultado positivo como também tudo o que for recebido.

Finalmente, o contrato de arrendamento é aquele celebrado entre o arrendatário e o arrendante, que é o proprietário da terra, mediante pagamento de aluguel.

Seja como for, aqui se incluindo o pescador artesanal, a atividade deve ser explorada individualmente ou em regime de economia familiar. Isto significa que a atividade não pode assumir o caráter de empresa, pois, nesse caso, a figura será a do contribuinte comum obrigatório do regime previdenciário.

Por outro lado, nos termos da própria Lei, entende-se como economia familiar a atividade em que o trabalho dos membros da família é indispensável à própria subsistência e é exercido em condições de mútua dependência e colaboração, sem a utilização de empregados.

b) o aposentado pelo Regime Geral da Previdência Social – RGPS que estiver exercendo ou voltar a exercer atividade abrangida por esse Regime é segurado obrigatório em relação a essa atividade, ficando sujeito às contribuições de que trata a Lei para fins de custeio.

Segurados Facultativos

Como a própria denominação indica, os segurados facultativos são pessoas físicas que, não tendo obrigação legal de contribuir para com o sistema, espontaneamente resolvem fazê-lo, a fim de gozar das prestações disponibilizadas.

A previsão para esse tipo de segurado encontra-se no art. 14 da Lei 8.212/91, que dispõe:

> "É segurado facultativo o menor de 14 (quatorze) anos de idade que se filiar ao Regime Geral da Previdência Social, mediante contribuição, na forma do art. 21, desde que não incluído nas disposições do art. 12."

Vale lembrar que por força de previsão constitucional, a idade mínima para o trabalho do menor é de dezesseis anos. A EC 20/98 vedou a vinculação, na qualidade de segurado facultativo, de pessoa participante de regime próprio de previdência.

Como não há imposição legal, podem também se vincular ao sistema na qualidade de facultativos, dentre outros, as donas-de-casa, os estudantes, o síndico de condomínio, desde que não remunerado, os estagiários, os desempregados etc.

Contribuinte Empresa e Empregador Doméstico

A empresa representa a atividade desenvolvida pelo empresário, seja ele individual ou coletivo.

Entretanto, para fins previdenciários, o conceito não mantém correspondência com o Código Civil, que disciplina a matéria em Livro próprio, haja vista que, para a Seguridade Social, considera-se empresa a firma individual, ou sociedade, que assume o risco da atividade econômica urbana ou rural, com fins lucrativos ou não, bem como os órgãos e entidades da administração pública direta, indireta e fundacional. É o que dispõe o art. 15 da Lei 8.212/91.

A Lei, por outro lado, equipara ao conceito de empresa o contribuinte individual em relação ao segurado que lhe presta serviço e, bem assim, a cooperativa, a associação ou a entidade de qualquer natureza ou finalidade, a missão diplomática e a repartição consular de carreira estrangeira. Dessa feita, na qualidade de tomadora de tais serviços, as equiparadas à empresa deverão contribuir para o sistema como se empregadoras fossem, ainda que os serviços lhes sejam prestados pelo contribuinte individual sem vínculo empregatício.

Empregador doméstico, para fins previdenciários, é a pessoa ou família que admite a seu serviço, sem finalidade de lucro, o empregado doméstico.

Capítulo 3

Contribuições

Vimos que a Seguridade Social, de acordo com o art. 10 da Lei 8.212/91, é financiada indiretamente por toda a sociedade, mediante recursos provenientes da União, dos Estados, do Distrito Federal e dos Municípios e, diretamente, pela arrecadação das contribuições sociais.

O custeio implica, pois, em questão pertencente ao orçamento público. Nesse sentido, o orçamento da Seguridade Social, no âmbito federal, é composto de receitas provenientes da União, das contribuições sociais e de outras fontes que estudaremos oportunamente.

Certo é, por outro lado, que nos termos do art. 195 da CF e do art. 11 da referida Lei, constituem-se em contribuições sociais relativas à Seguridade Social as:

a) das empresas, incidentes sobre a remuneração paga ou creditada aos segurados a seu serviço;

b) dos empregadores domésticos;

c) dos trabalhadores, incidentes sobre o seu salário-de-contribuição;

d) das empresas, incidentes sobre o faturamento e lucro;

e) incidentes sobre a receita de concursos de prognósticos;

f) do importador de bens ou serviços do exterior, ou de quem a lei a ele equiparar.

Contribuição da União

Nos termos do art. 16 e seguintes da lei relativa ao Plano de Custeio, a contribuição da União é constituída de recursos adicionais do Orçamento Fiscal fixados, obrigatoriamente, na lei do orçamento anual. A União será, ademais, responsável pela cobertura de eventuais insuficiências financeiras da Seguridade Social, quando decorrentes do pagamento de benefícios de prestação continuada da Previdência Social.

Para pagamento dos encargos previdenciários da União, poderão contribuir os recursos da Seguridade Social provenientes da contribuição das empresas e incidentes sobre o faturamento e o lucro.

Contribuição dos Segurados

A contribuição do empregado, inclusive o doméstico, e a do trabalhador avulso é calculada mediante a aplicação da correspondente alíquota sobre o seu salário-de-contribuição mensal, de forma não cumulativa, de acordo com os valores fixados na tabela abaixo e que se encontram atualizados a partir de abril de 2007, pela Portaria do Ministério da Previdência Social.

1. Segurados empregados, inclusive domésticos e trabalhadores avulsos	
Tabela de contribuição dos segurados empregado, empregado doméstico e trabalhador avulso, para pagamento de remuneração a partir de 1º de abril de 2007	
Salário-de-contribuição (R$)	Alíquota para fins de recolhimento ao INSS (%)
até R$ 868,29	7,65
de R$ 868,30 a R$ 1.140,00	8,65
de R$ 1.140,01 a R$ 1.447,14	9,00
de R$ 1.447,15 até R$ 2.894,28	11,00

Consiste o salário-de-contribuição, portanto, na base de cálculo sobre a qual deverão incidir as alíquotas para fins de recolhimento ao Instituto Nacional da Previdência Social – INSS. Aprofundaremos o estudo sobre o instituto mais adiante.

Tratando-se da contribuição dos segurados contribuinte individual e facultativo, a alíquota será de 20% sobre o respectivo salário-de-contribuição declarado.

A Lei 10.666/03 instituiu, a partir de 01.04.03, a obrigatoriedade da empresa tomadora de serviços do contribuinte individual de descontar e recolher 11% da remuneração paga ao contribuinte a seu serviço, observado o limite máximo do salário-de-contribuição, hoje no valor de R$ 2.894,28, bem como a obrigatoriedade da complementação da contribuição do contribuinte individual, se o valor descontado pela empresa for inferior ao limite mínimo do salário-de-contribuição (20% sobre a diferença), conforme disposto em seu art. 4º, com o *caput* alterado pela Lei 11.488/07:

> "Fica a empresa obrigada a arrecadar a contribuição do segurado contribuinte individual a seu serviço, descontando-a da respectiva remuneração, e a recolher o valor arrecadado juntamente com a contribuição a seu cargo até o dia dez do mês seguinte ao da competência.
>
> § 1º As cooperativas de trabalho arrecadarão a contribuição social dos seus associados como contribuinte individual e recolherão o valor arrecadado até o dia quinze do mês seguinte ao da competência a que se referir.
>
> § 2º A cooperativa de trabalho e a pessoa jurídica são obrigadas a efetuar a inscrição no Instituto Nacional do Seguro Social – INSS dos seus cooperados e contratados, respectivamente, como contribuintes individuais, se ainda não inscritos.
>
> § 3º O disposto neste artigo não se aplica ao contribuinte individual quando contratado por outro contribuinte individual equiparado a empresa ou pro produtor rural pessoa física ou por missão diplomática e repartição consular de carreira estrangeira, e nem ao brasileiro civil que trabalha no exterior para organismo oficial internacional do qual o Brasil é membro efetivo."

Dispõe o art. 5º da mesma lei que:

> "O contribuinte individual a que se refere o art. 4º é obrigado a complementar, diretamente, a contribuição até o valor mínimo mensal do salário-de-contribuição, quando as remunerações recebidas no mês, por serviços prestados a pessoas jurídicas, forem inferiores a este."

Contribuição da Empresa

De acordo com o estabelecido no art. 195, I e alíneas, da CF, o empregador, a empresa e a entidade a ela equiparada, na forma da lei, têm as contribuições sociais a seu cargo incidentes sobre a folha de salários e demais rendimentos do trabalho, a receita e o faturamento e, também, sobre o lucro.

A – Contribuição incidente sobre a folha de salários e demais rendimentos do trabalho

A contribuição a cargo da empresa destinada à Seguridade Social incidente sobre a folha de salários e demais rendimentos do trabalho encontra-se disciplinada no art. 22 da Lei 8.212/91, que dispõe que as alíquotas serão de:

a) 20% sobre o total das remunerações pagas, devidas ou creditadas a qualquer título, durante o mês, aos segurados empregados e trabalhadores avulsos que lhes prestem serviços, destinadas a retribuir o trabalho, qualquer que seja a sua forma, inclusive as gorjetas, os ganhos habituais sob a forma de utilidades e os adiantamentos decorrentes de reajuste salarial, quer pelos serviços efetivamente prestados, quer pelo tempo à disposição do empregador ou tomador de serviços, nos termos da lei ou do contrato ou, ainda, de convenção ou acordo coletivo de trabalho ou sentença normativa. Vale lembrar que a contribuição da empresa em relação às remunerações e retribuições pagas ou creditadas pelos serviços de segurados empresários, trabalhadores autônomos, avulsos e demais pessoas físicas, sem vínculo empregatício, está disciplinada na Lei Complementar 84/96;

b) para o custeio do benefício relativo à aposentadoria especial e dos que forem concedidos em razão do grau de incidência de incapacidade laborativa decorrente dos riscos ambientais do trabalho, a alíquota incidirá sobre o total das remunerações pagas ou creditadas, no decorrer do mês, aos segurados empregados e trabalhadores avulso, nos seguintes percentuais:

- 1% para as empresas em cuja atividade preponderante o risco for considerado leve – exemplo: atividades de intermediação financeira e imobiliária;
- 2% para as empresas em cuja atividade preponderante o risco for considerado médio – exemplo: atividades de transporte aéreo e de comércio varejista de máquinas;
- 3% para as empresas em cuja atividade preponderante o risco for considerado grave – exemplo: atividades de fabricação de tintas e defensivos agrícolas.

Obs.: o grau de risco da atividade preponderante da empresa está fixado no Anexo V do Decreto 3.048/99 – Regulamento da Previdência Social – RPS.

De acordo com o art. 10 da Lei 10.666/03, essas alíquotas poderão ser reduzidas em até 50% ou aumentadas em até 100%, conforme dispuser o regulamento, em razão do desempenho da empresa em relação à respectiva atividade econômica, apurado em conformidade com os resultados obtidos a partir dos índices de freqüência, gravidade e custo, calculados segundo metodologia aprovada pelo Conselho Nacional de Previdência Social.

c) 20% sobre o total das remunerações pagas ou creditadas a qualquer título, no decorrer do mês, aos segurados contribuintes individuais que lhe prestem serviços;

d) 15% sobre o valor bruto da nota fiscal ou fatura de prestação de serviços relativamente a serviços que lhe são prestados por cooperados por intermédio de cooperativas de trabalho.

No caso de bancos comerciais, de investimento, de desenvolvimento ou de caixas econômicas, sociedades de crédito, financiamento e investimento, sociedades de crédito imobiliário, corretoras, distribuidoras de títulos e valores mobiliários, empresas de arrendamento mercantil, cooperativas de crédito, empresas de seguros privados e de capitalização, agentes autônomos de seguros privados e de crédito e entidades de previdência privada abertas e fechadas, além das contribuições referidas nos arts. 22 e 23, também é devida a contribuição adicional de 2,5% sobre as bases de cálculo estudadas nas letras "a" e "c" deste item.

Contribuição da agroindústria

A agroindústria é definida pelo art. 22-A da Lei 8.212/91 como sendo o produtor rural pessoa jurídica cuja atividade econômica seja a de industrialização de produção própria ou adquirida de terceiros. Nesse caso, a contribuição incidirá sobre o valor da receita bruta proveniente da comercialização da produção, não se aplicando as previstas nos incisos I e II do art. 22, pelas alíquotas seguintes:

- ▶ 2,5% para a Seguridade Social;
- ▶ 0,1% para os benefícios relativos à aposentadoria especial e dos que forem concedidos em razão do grau de incidência de incapacidade para o trabalho decorrente dos riscos ambientais da atividade.

A disposição, entretanto, não se aplica às operações relativas à prestação de serviços a terceiros nem às sociedades cooperativas e às agroindústrias de piscicultura, carcinicultura, suinocultura e avicultura, que deverão recolher as contribuições com base nas alíquotas previstas no art. 22 da Lei.

B – Contribuição sobre a receita ou o faturamento e o lucro

O art. 23 da Lei 8.212/91 disciplina a matéria dispondo que as contribuições a cargo da empresa, provenientes do faturamento e do lucro, destinadas à Seguridade Social, serão calculadas de acordo com a aplicação das seguintes alíquotas:

a) 3% sobre o faturamento mensal, de acordo com a Lei 9.718/98 e a Lei Complementar 70/91, respectivamente;

b) 8% sobre o lucro líquido do período-base. Essa alíquota que anteriormente era de 10% foi reduzida pela Lei 9.249/95. A MP 2.037-25/00, que ainda está em vigor por força do art. 2º da EC 32/01, estabeleceu adicionais sobre a Contribuição Social Sobre o Lucro Líquido – CSLL. Para as instituições mencionadas no art. 22, § 1º, a exemplo dos bancos, a alíquota é de 15% por força da Lei 9.249/95.

As disposições do artigo em estudo não se aplicam ao empregador rural pessoa física.

Contribuição do Empregador Doméstico

A contribuição a cargo do empregador doméstico será de 12% incidente sobre o salário-de-contribuição do empregado doméstico a seu serviço, assim fixado como o valor declarado na Carteira Profissional do empregado.

Contribuição do Empregador Produtor Rural ou Pescador

De acordo com as prescrições do art. 25 da Lei 8.212/91, as alíquotas, para fins de recolhimento das contribuições da Seguridade Social, deste tipo de empregador serão de:

- ▶ 2% da receita bruta proveniente da comercialização da sua produção;
- ▶ 0,1% da receita bruta proveniente da comercialização da sua produção, para financiamento das prestações por acidente do trabalho.

Integram a produção, para os efeitos da previsão do artigo, os produtos de origem animal ou vegetal, em estado natural ou submetidos a processos de beneficiamento ou industrialização rudimentar, assim compreendidos, entre outros, os processos de lavagem, limpeza, descaroçamento, pilagem, descascamento, lenhamento, pasteurização, resfriamento, secagem, fermentação, embalagem, cristalização, fundição, carvoejamento, cozimento, destilação, moagem, torrefação, bem como os subprodutos e os resíduos obtidos através desses processos. É o que dispõe o § 3º, acrescentado ao art. 25 pela Lei 8.540/92.

Acrescentando ao artigo também o § 4º, dispôs a mencionada lei que não integrarão a base de cálculo da contribuição a produção rural destinada ao plantio ou reflorestamento, nem os animais destinados à utilização como cobaias para fins de pesquisa científica.

O art. 25-A da Lei 8.212/91 equipara ao produtor rural pessoa física, para fins da contribuição para a Seguridade Social, o consórcio simplificado de produtores rurais, formado pela união de produtores rurais pessoas físicas, que outorgar a um deles poderes para contratar, gerir e demitir trabalhadores para prestação de serviços, exclusivamente, aos seus integrantes, mediante documento registrado em cartório de títulos e documentos.

Contribuição dos Concursos de Prognósticos

Nos termos da Lei 8.212/91, consideram-se concursos de prognósticos todos e quaisquer concursos de sorteios de números, loterias, apostas, inclusive as realizadas em reuniões hípicas, nos âmbitos federal, estadual, do Distrito Federal e municipal.

Com efeito, constitui receita da Seguridade Social a renda líquida dos concursos de prognósticos, excetuados os valores destinados ao Programa de Crédito Educativo. Por renda líquida deve ser entendido o total da arrecadação, deduzidos os valores destinados ao pagamento dos prêmios, dos impostos e das despesas de administração.

Outras Receitas

O art. 27 da Lei 8.212/91 especifica outras receitas das quais se utiliza o custeio da Seguridade Social. Assim tem-se:

I – as multas, a atualização monetária e os juros moratórios;

II – a remuneração recebida por serviços de arrecadação, fiscalização e cobrança prestados a terceiros.

Esse item diz respeito às denominadas Contribuições de Terceiros. Referidas contribuições representam exigências que se destinam a entidades privadas e que, portanto, não pertencem aos cofres públicos, mas que são arrecadadas e fiscalizadas pelo INSS que, em razão de tais atividades, faz jus a uma taxa de administração incidente sobre os valores arrecadados, no percentual de 3,5%, conforme determinado pelo art. 94 da Lei 8.212/91, que dispõe:

> "O Instituto Nacional do Seguro Social – INSS poderá arrecadar e fiscalizar, mediante remuneração de 3,5% do montante arrecadado, contribuição por lei devida a terceiros, desde que provenha de empresa, segurado, aposentado ou pensionista a ele vinculado, aplicando-se a essa contribuição, no que couber, o disposto nesta Lei."

De acordo com o parágrafo único do mesmo dispositivo legal, a previsão aplica-se, exclusivamente, às contribuições que tenham a mesma base de cálculo das contribuições incidentes sobre a remuneração paga ou creditada a segurados, ficando sujeitas aos mesmos prazos, condições, sanções e privilégios, inclusive no que se refere à cobrança judicial.

Tratando-se, por outro lado, de salário educação, a taxa de administração é de 1%.

A previsão acerca das contribuições de terceiros encontra-se no art. 240 da CF, nos termos seguintes:

> "Ficam ressalvadas do disposto no art. 195 as contribuições compulsórias dos empregadores sobre a folha de salários, destinadas às entidades privadas de serviço social e de formação profissional vinculadas ao sistema sindical."

As entidades assim mencionadas são o Serviço Social do Comércio (SESC), Serviço Nacional de Aprendizagem Comercial (SENAC), Serviço Nacional de Aprendizagem Industrial (SENAI), Serviço Social da Indústria (SESI), Serviço Nacional de Aprendizagem Rural (SENAR), Serviço Nacional de Aprendizagem do Transporte (SENAT), Serviço Social do Transporte (SEST), Serviço Brasileiro de Apoio à Pequena e Média Empresa (SEBRAE) e Serviço Nacional de Aprendizagem do Cooperativismo (SESCOOP).

As contribuições destinadas para esse tipo de entidade têm natureza *sui generis* na medida em que, tendo as entidades mencionadas natureza privada, não podem ser consideradas tributos, muito embora tenham cunho compulsório e seja sua exigência seja autorizada por lei, por prestarem serviços considerados de natureza pública.

As contribuições devidas ao SENAC, SESC, SESI e SENAI foram criadas pela Lei 2.613/55. Atualmente, essas contribuições devidas pelo empregador e incidentes sobre a folha de pagamento são de 1,5% (SESI), 1,0% (SENAI), 1,5% (SESC) e 1,0% (SENAC).

A contribuição devida par o SENAR foi criada pela Lei 8.315/91. Atualmente, a alíquota é de 2,5% incidente sobre o montante da remuneração paga a todos os empregados pelas pessoas jurídicas de direito privado, ou equiparadas, desde que exerçam atividades agroindustriais, agropecuárias, extrativistas vegetais e animais, cooperativistas rurais e sindicais patronais rurais.

As contribuições devidas ao SEST e ao SENAT foram instituídas pela Lei 8.706/93, sendo as alíquotas de 1,5% e 1,0%, respectivamente.

Quanto ao SEBRAE, a contribuição que é de 0,6 e representa um adicional às contribuições do SESI, SESC, SENAI e SENAC, somente deve ser cobrada de quem tenha vinculação com pequenas e médias empresas e não de outras que não tenham essa condição.

Por fim, a contribuição devida ao SESCOOP, determinada pela Medida Provisória 2.168 e devida a partir de 1999, tem a alíquota de 2,5% e incide sobre o total da remuneração paga a todos os empregados de cooperativas, sendo substitutiva das pagas ao SENAI, SESI, SENAC, SESC, SENAT, SEST e SENAR.

III – as receitas provenientes de prestação de outros serviços e de fornecimento ou arrendamento de bens;

IV – as demais receitas patrimoniais, industriais e financeiras;

V – as doações, legados, subvenções e outras receitas eventuais;

VI – 50% dos valores obtidos e aplicados na forma do parágrafo único do art. 243 da CF;

VII – 40% dos resultados dos leilões dos bens apreendidos pelo Departamento da Receita Federal;

VIII – outras receitas previstas em legislação específica.

Ainda nos termos do parágrafo único do art. 27, as companhias seguradoras que mantêm seguro obrigatório de danos pessoais causados por veículos automotores de vias terrestres, de que trata a Lei 6.194, de dezembro de 1974, deverão repassar à Seguridade Social 50% do valor total do prêmio recolhido e destinado ao Sistema Único de Saúde – SUS, para custeio da assistência médico-hospitalar dos segurados vitimados em acidentes de trânsito.

INCRA

A contribuição social devida ao Instituto Nacional de Colonização e Reforma Agrária (INCRA) foi criada pela Lei 2.613/55, com alíquota fixada atualmente em 0,2% incidente sobre a folha de pagamentos dos empregados. Por ser autarquia federal, a contribuição devida ao INCRA não encontra respaldo no art. 204 da CF, que diz respeito apenas a entidades privadas. De outro lado, entendeu o Supremo Tribunal Federal que referida contribuição é devida apenas pelas empresas vinculadas à previdência rural.

CLUBES DE FUTEBOL

A Lei 8.641/93 estabelece que a contribuição empresarial devida pelos clubes de futebol corresponde a 5% da receita bruta decorrente dos espetáculos de que participem em território nacional e em qualquer modalidade desportiva, inclusive jogos internacionais, e de qualquer forma de patrocínio, licenciamento de uso de marcas e símbolos, publicidade, propaganda e de transmissão dos espetáculos desportivos.

Questiona-se a constitucionalidade da exigência, haja vista que não há previsão constitucional quanto à fixação da base de cálculo.

COFINS

A Contribuição para Financiamento da Seguridade Social (COFINS), instituída pela Lei Complementar 70/91, é a contribuição social incidente sobre o faturamento, com base no art. 195, I, da CF, cujo destino é financiar a seguridade social, sendo de incidência não-cumulativa.

Seu fato gerador é o faturamento mensal da empresa, assim entendido como o total das receitas auferidas independentemente de sua denominação ou classificação contábil. Sobre a base de cálculo a alíquota é de 7,6%. Incluem-se no conceito de faturamento:

- ▶ a venda de mercadorias;
- ▶ a venda de mercadorias e serviços;
- ▶ a venda de cigarros;
- ▶ a venda de combustíveis;
- ▶ a prestação de serviços.

Estão também sujeitas à incidência da COFINS as sociedades civis de profissões regulamentadas, as entidades desportivas que não tenham futebol profissional e as microempresas. A COFINS não incide, contudo, sobre receitas decorrentes de:

- ▶ exportação de mercadorias;
- ▶ prestação de serviços para pessoa física ou jurídica domiciliada no exterior, com pagamento em moeda conversível;
- ▶ vendas a empresa comercial exportadora com o fim específico de exportação;
- ▶ sociedades cooperativas;
- ▶ entidades beneficentes de assistência social;
- ▶ sociedades civis de prestação de serviços profissionais, sendo irrelevante o regime tributário (Súmula 276 do STJ).

PIS/PASEP

As contribuições destinadas ao Programa de Integração Social (PIS) e ao Programa de Formação do Patrimônio do Servidor Público (PASEP) têm, ambas, a natureza de contribuição social, objetivando o custeio da seguridade social.

Têm por fato gerador o faturamento mensal, assim entendido o total das receitas auferidas pela empresa, também independentemente de sua denominação ou classificação contábil. A alíquota é de 1,65%.

Referidas contribuições não incidirão sobre receitas decorrentes de:

- ▶ exportações de mercadorias;
- ▶ prestação de serviços para pessoa física ou jurídica domiciliada no exterior;
- ▶ vendas a empresa comercial exportadora com o fim específico de exportação.

CSSL

A Contribuição Social Sobre o Lucro (CSSL) foi instituída pela Lei 7.689/88, tendo como fato gerador o lucro a ser apurado pela empresa mediante a soma das receitas da qual se subtrairá a despesa, sendo ainda feitos certos ajustes de acordo com a previsão legal. A partir de 2003, a alíquota deste tipo de contribuição passou a ser de 9%.

Não tem incidência sobre as entidades sem fins lucrativos, sobre o produtor rural pessoa física e sobre o segurado especial.

Capítulo 4

Salário-de-Contribuição

O salário-de-contribuição pode ser definido como a base de cálculo sobre a qual incidirão as alíquotas estabelecidas pela legislação previdenciária para fins de arrecadação das contribuições devidas pelos trabalhadores.

Nesse sentido, o art. 28, I, da Lei 8.212/1991, estabelece que o salário-de-contribuição, tratando-se de empregado e trabalhador avulso, deve ser entendido como a remuneração auferida pelo trabalhador, em uma ou mais empresas, assim entendida como a totalidade dos rendimentos pagos, devidos ou creditados a qualquer título durante o mês, destinados a retribuir o trabalho, qualquer que seja sua forma, inclusive as gorjetas, os ganhos habituais sob forma de utilidades e os adiantamentos decorrentes de reajuste salarial, que pelos serviços efetivamente prestados, quer pelo tempo à disposição do empregador ou tomador de serviços nos termos da lei ou contrato ou, ainda, de convenção ou acordo coletivo de trabalho ou sentença normativa. Nota-se, portanto, que o conceito de remuneração é mais amplo do que o de salário. Nesse aspecto, estabelece o art. 457 da CLT que:

> "Compreendem-se na remuneração do empregado, para todos os efeitos legais, além do salário devido e pago diretamente pelo empregador, como contraprestação do serviço, as gorjetas que receber."

O art. 2º da Lei 10.243/01, modificando a redação do art. 458 da CLT, excluiu do conceito de salário as seguintes utilidades:

"I – vestuários;

II – educação;

III – transporte destinado ao deslocamento para o trabalho e retorno, em percurso servido ou não por transporte público;

IV – assistência médica, hospitalar e odontológica, prestada diretamente ou mediante seguro-saúde;

V – seguros de vida e acidentes pessoais;

VI – previdência privada."

Entretanto, tendo em vista a especificidade da norma previdenciária, a alteração trazida ao artigo não repercute sobre o salário-de-contribuição.

Esclareça-se, ademais, que o décimo terceiro salário e o salário-maternidade integram o salário-de-contribuição.

Não integram o salário-de-contribuição, porém, nos termos da lei relativa ao Plano de Custeio:

a) os benefícios da previdência social, salvo o salário-maternidade;

b) as ajudas de custo e o adicional mensal recebidos pelo aeronauta, nos termos da lei;

c) a parcela *in natura* recebida de acordo com os programas de alimentação aprovados pelo Ministério do Trabalho e Previdência Social, nos termos da lei;

d) as importâncias recebidas a título de férias indenizadas e o respectivo adicional constitucional, inclusive o valor correspondente à dobra da remuneração de férias de que trata o art. 137 da CLT;

e) as importâncias:

 1. previstas no inciso I do art. 10 do ADCT;

 2. relativas à indenização por tempo de serviço, anterior a 5 de outubro de 1988, do empregado não optante pelo FGTS;

 3. recebidas a título de indenização de que trata o art. 479 da CLT;

 4. recebidas a título de indenização de que trata o art. 14 da Lei 5.889/73;

5. recebidas a título de incentivo à demissão;
6. recebidas a título de abono de férias na forma dos arts. 143 e 144 da CLT;
7. recebidas a título de ganhos eventuais e abonos expressamente desvinculados do salário;
8. recebidas a título de licença-prêmio indenizada;
9. recebidas a título da indenização de que trata o art. 9º da Lei 7.238/84;

f) a parcela recebida a título de vale-transporte, na forma da legislação própria;

g) a ajuda de custo, em parcela única, recebida exclusivamente em decorrência de mudança de local de trabalho do empregado, na forma do art. 470 da CLT;

h) as diárias para viagens, desde que não excedam a 50% da remuneração mensal;

i) a importância recebida a título de bolsa de complementação educacional de estagiário paga nos termos da Lei 6.494/77;

j) a participação nos lucros ou resultados da empresa, quando paga ou creditada de acordo com lei específica;

k) o abono do Programa de Integração Social – PIS e do Programa de Assistência ao Servidor Público – PASEP;

l) os valores correspondentes a transporte, alimentação e habitação fornecidos pela empresa ao empregado contratado para trabalhar em localidade distante da de sua residência, em canteiro de obras ou em local que, por força da atividade, exija deslocamento e estada, observadas as normas de proteção estabelecidas pelo Ministério do Trabalho e Emprego;

m) na importância paga ao empregado a título de complementação ao valor do auxílio-doença, desde que este direito seja extensivo à totalidade dos empregados da empresa;

n) as parcelas destinadas à assistência do trabalhador da agroindústria canavieira, de que trata o art. 36 da Lei 4.870/65;

o) o valor das contribuições efetivamente pago pela pessoa jurídica relativo ao programa de previdência complementar, aberto ou fechado, desde que disponível à totalidade de seus empregados e dirigentes, observados, no que couber, os arts. 9º e 468 da CLT;

p) o valor relativo à assistência prestada por serviço médico ou odontológico, próprio da empresa ou por ela conveniado, inclusive o reembolso de despesas com medicamentos, óculos, aparelhos ortopédicos, despesas médico-hospitalares e outras similares, desde que a cobertura abranja a totalidade dos empregados e dirigentes da empresa;

q) o valor correspondente a vestuários, equipamentos e outros acessórios fornecidos ao empregado e utilizados no local do trabalho para prestação dos respectivos serviços;

r) o ressarcimento de despesas pelo uso de veículo do empregado e o reembolso creche pago em conformidade com a legislação trabalhista, observado o limite máximo de seis anos de idade, quando devidamente comprovadas as despesas realizadas;

s) o valor relativo a plano educacional que vise à educação básica, nos termos do art. 21 da Lei 9.394/96, e a cursos de capacitação e qualificação profissionais vinculadas às atividades desenvolvidas pela empresa, desde que não seja utilizado em substituição de parcela salarial e que todos os empregados e dirigentes tenham acesso ao mesmo;

t) a importância recebida a título de bolsa de aprendizagem garantida ao adolescente até quatorze anos de idade, de acordo com o disposto no art. 64 da Lei 8.069/90;

u) os valores recebidos em decorrência da cessão de direitos autorais;

v) o valor da multa prevista no § 8º do art. 477 da CLT.

O salário-de-contribuição consiste, pois, na remuneração recebida pelo trabalhador em uma ou mais empresas para as quais vier a trabalhar. Dessa forma, tendo o trabalhador mais de um emprego, deverá contribuir para a previdência em cada um deles, observado, entretanto, o teto estabelecido em lei.

Contudo, se o trabalhador tiver mais de um emprego e em um deles já recolher a contribuição pelo teto, nada mais recolherá nos demais.

Mas, se de outro lado, o salário percebido não atinge o teto em nenhuma das empresas, deverá promover o recolhimento aplicando o critério da proporcionalidade, visto que a alíquota para o cálculo é fixada no montante recebido em todas, e não separadamente em cada uma delas.

Fórmula do critério da proporcionalidade: teto do salário-de-contribuição × salário recebido em cada empresa/total de salários recebidos.

Portaria nº 142, de 11 de abril de 2007	
Tabela de contribuição dos segurados empregado, empregado doméstico e trabalhador avulso, para pagamento de remuneração a partir de 1º de agosto de 2006	
Salário-de-contribuição (R$)	Alíquota para fins de recolhimento ao INSS (%)
até R$ 868,29	7,65
de R$ 868,30 a R$ 1.140,00	8,65
de R$ 1.140,01 a R$ 1.447,14	9,00
de R$ 1.447,15 até R$ 2.894,28	11,00

Acima de R$ 2.894,28, a alíquota permanece em 11%, resultando no valor máximo a recolher de R$ 318,37.

Exemplos práticos

▶ **Situação 1** – Um trabalhador tem dois empregos, mas em nenhum deles recebe a quantia correspondente ao teto fixado para a contribuição. Na Empresa Alfa recebe R$ 300,00 e na Empresa Beta, R$ 400,00.

Empresa Alfa: R$ 300,00 (7,65%) = R$ 22,95 (proporcional)

Empresa Beta: R$ 400,00 (7,65%) = R$ 30,60 (proporcional)

Total: R$ 700,00; alíquota 7,65% = R$ 53,55 (valor da contribuição a ser recolhida).

- **Situação 2** – O trabalhador tem dois empregos, recebendo na Empresa Alfa a quantia de R$ 2.900,00 e na Empresa Beta, a de R$ 1.200,00.

    Empresa Alfa: R$ 2.900,00 (a quantia é superior ao teto fixado)

    Empresa Beta: 1.200,00

Neste caso, o trabalhador deverá recolher a contribuição apenas na Empresa Alfa, no valor de R$ 318,37, correspondente ao teto de R$ 2.894,28, e promover a comunicação à Empresa Beta para que não retenha qualquer valor a título de contribuição, visto que o trabalhador já está recolhendo pelo teto máximo.

- **Situação 3** – O trabalhador tem três empregos e em nenhum deles recebe o teto, mas este é alcançado no montante.

    Empresa Alfa: R$ 700,00

    Empresa Beta: R$ 1.000,00

    Empresa Cirus: R$ 1.200,00

O recolhimento, nesse caso, ocorrerá de forma proporcional em cada uma das empresas, aplicando-se a fórmula da proporcionalidade, já que o montante recebido é de R$ 2.900,00, sujeito à alíquota de 11%.

Empresa Alfa: $2.894,28 \times 700,00/2.900,00 = 698,62 \times 11\%$ = R$ 76,85.

Empresa Beta: $2.894,28 \times 1.000,00/2.900,00 = 998,02 \times 11\%$ = R$ 109,78.

Empresa Cirus: $2.894,28 \times 1.200,00/2.900,00 = 1.197,63 \times 11\%$ = R$ 131,73.

Tendo o montante recebido ultrapassado, portanto, o teto de R$ 2.894,28, o valor a ser recolhido a título de contribuição é de R$ 318,37, ou seja, a soma dos recolhimentos proporcionais em cada uma das empresas: R$ 76,85; R$ 109,78 e R$ 131,73.

Para fins do recolhimento proporcional, o empregado deverá fornecer aos empregadores a cópia de seus recebimentos mensais.

Tratando-se de empregado doméstico, o salário-de-contribuição será a remuneração registrada na Carteira Profissional sobre a qual incidirão as alíquotas, conforme a tabela. Atualmente o empregador doméstico contribui com 12% do salário-de-contribuição de seu empregado.

O salário-de-contribuição do contribuinte individual, nos termos do art. 28, III, da Lei 8.212/91, é a remuneração auferida em uma ou mais empresas ou pelo exercício de suas atividades por conta própria durante o mês, observado o limite máximo.

Tratando-se de segurado facultativo, o salário-de-contribuição será o valor por ele declarado, devendo ser observado o limite máximo para fins de recolhimento. A alíquota incidente sobre o salário-de-contribuição do contribuinte individual e facultativo é de 20%.

A empresa tomadora dos serviços do contribuinte individual é obrigada a efetuar a retenção da contribuição do segurado, já a descontando da respectiva remuneração, nos termos do art. 4º da Lei 10.666/03.

Finalmente, no caso do trabalhador avulso, o salário-de-contribuição é a remuneração efetivamente auferida na entidade sindical ou empresa de origem.

Acrescente-se, por fim, que a Lei 8.620/93, alterando o art. 20 da Lei 8.212/91, determina que as microempresas devem aplicar a tabela progressiva de cálculo, com alíquota de 8,65%, 9% ou 11%, para fins de recolhimento das contribuições devidas por aquele tipo de trabalhador.

Capítulo 5

Crédito da Seguridade Social

Arrecadação e Recolhimento das Contribuições

Conforme estudado anteriormente, vimos que a empresa deverá promover a retenção das contribuições previdenciárias a cargo de seus empregados segurados, bem como de outras pessoas que lhes prestem serviços sem que haja vínculo empregatício, para que, posteriormente, promova o competente repasse desses valores aos cofres públicos. De igual modo, deverá também recolher as contribuições que lhe couberem. Assim também deverão proceder os contribuintes individuais e os facultativos.

O recolhimento dos valores devidos a título de contribuições deverá ser promovido nos prazos estabelecidos em lei, sob pena da aplicação dos consectários da mora.

Dessa forma, a empresa é obrigada a arrecadar as contribuições dos segurados e trabalhadores avulsos a seu serviço, descontando-as das respectivas remunerações e promovendo o repasse das quantias arrecadas até o dia dois do mês seguinte ao da competência. Exemplificando: se a arrecadação é relativa ao mês de setembro, o repasse deverá ser promovido até o dia 2 de outubro. No mesmo dia do mês, a empresa adquirente, consumidora ou consignatária ou a cooperativa são obrigadas a recolher as respectivas contribuições a seu encargo. Idêntico prazo deve ser observado pelo segurado contribuinte especial.

Já o contribuinte individual e o facultativo estão obrigados a recolher sua contribuição por iniciativa própria, até o dia quinze do mês seguinte ao da competência. O mesmo prazo deve ser observado pelo empregador doméstico para recolher as contribuições devidas por ele próprio e por seu empregado.

Tratando-se de contribuinte individual e facultativo, cujos salários-de-contribuição sejam iguais ao valor de um salário mínimo, é facultado optar pelo recolhimento trimestral das contribuições, com vencimento no dia quinze do mês seguinte, a cada trimestre civil, prorrogando-se o vencimento para o dia útil subseqüente quando não houver expediente bancário no dia quinze. A mesma opção cabe ao empregador doméstico, relativamente aos empregados a seu serviço, cujos salários-de-contribuição sejam iguais ao valor do salário mínimo, ou inferiores nos casos de admissão, dispensa ou, ainda, fração do salário em razão do gozo de benefício.

Consectários da Mora

Não sendo observados, pelo contribuinte, os prazos estabelecidos para recolhimento das contribuições previdenciárias, este ficará sujeito, além do principal, ao pagamento de juros e multas decorrentes da mora, lembrando que esta se dá em função, exatamente, do inadimplemento. Nesse mesmo sentido, vale lembrar que o recolhimento das contribuições aos cofres públicos, implica em obrigação tributária principal e, portanto, em obrigação de dar em pagamento. Os consectários da mora decorrentes do descumprimento de uma obrigação dessa natureza são, portanto, a multa e os juros moratórios.

No tocante aos juros, de acordo com a previsão do art. 34 da Lei 8.212/91, as contribuições e outras importâncias arrecadas pelo INSS, incluídas ou não em notificação fiscal de lançamento, pagas em atraso, objeto ou não de parcelamento, ficam sujeitas aos juros equivalentes à taxa referencial do Sistema Especial de Liquidação e de Custódia – SELIC, incidentes sobre o valor atualizado, e multa de mora, todos em caráter irrelevável. Já o percentual de juros moratórios, relativos aos meses de vencimento ou pagamento das contribuições, corresponderá a 1%.

A multa moratória, a seu turno, é a que decorre do não pagamento da contribuição dentro do prazo legal, não devendo ser confundida com a multa punitiva que é decorrente da prática de infrações. Nesse sentido, é de salientar-se que o mero não recolhimento na data aprazada não constitui prática de infração.

Nos termos do art. 35 da Lei 8.212/91, sobre as contribuições sociais em atraso, arrecadadas pelo INSS, incidirá multa de mora, que não poderá ser relevada, sendo fixadas nos seguintes percentuais:

I – para pagamento após o vencimento da obrigação não incluída em notificação fiscal de lançamento:

  a) 8%, dentro do mês de vencimento da obrigação;

  b) 14%, no mês seguinte;

  c) 20%, a partir do segundo mês seguinte ao do vencimento da obrigação;

II – para pagamento de créditos incluídos em notificação fiscal de lançamento:

  a) 24%, em até quinze dias do recebimento da notificação;

  b) 30%, após o décimo quinto dia do recebimento da notificação;

  c) 40%, após apresentação de recurso desde que antecedido de defesa, sendo ambos tempestivos, até quinze dias da ciência da decisão do Conselho de Recursos da Previdência Social – CRPS;

  d) 50%, após o décimo quinto dia da ciência da decisão do Conselho de Recursos da Previdência Social – CRPS, enquanto não inscrito em Dívida Ativa;

III – para pagamento do crédito inscrito na Dívida Ativa:

  a) 60%, quando não tenha sido objeto de parcelamento;

  b) 70%, se houve parcelamento;

c) 80%, após o ajuizamento da execução fiscal, mesmo que o devedor ainda não tenha sido citado, se o crédito não foi objeto de parcelamento;

d) 100%, após o ajuizamento da execução fiscal, mesmo que o devedor ainda não tenha sido citado, se o crédito foi objeto de parcelamento.

Relativamente às disposições do artigo e incisos em estudo, é de acrescentar-se que, ocorrendo a hipótese de parcelamento ou reparcelamento, incidirá um acréscimo de 20% sobre a multa de mora. Se, no entanto, ocorrer pagamento do saldo devedor à vista, não haverá incidência do referido acréscimo.

Na hipótese de as contribuições terem sido declaradas na Guia de Recolhimento do Fundo de Garantia do Tempo de Serviço e Informações à Previdência – GFIP, ou tratando-se de empregador doméstico ou de empresa ou segurado dispensados de apresentar a referida guia, a multa de mora mencionada no *caput* do art. 35 será reduzida de 50%.

Por outro lado, constatado o atraso, parcial ou total, no recolhimento das contribuições, ou em caso de benefício reembolsado, a fiscalização deverá lavrar Notificação de Débito. Recebida a notificação pelo contribuinte, este terá o prazo de 15 dias para apresentar defesa administrativa.

Acrescente-se que por ocasião da notificação de débito ou de inscrição na Dívida Ativa, a fiscalização poderá proceder, ainda, ao arrolamento de bens e direitos do sujeito passivo.

As contribuições devidas ao INSS poderão ser parceladas em até 60 meses, com exceção das descontadas dos empregados, inclusive domésticos, e dos trabalhadores avulsos. O deferimento do parcelamento, entretanto, fica condicionado ao pagamento da primeira parcela, sendo certo que não será permitido o parcelamento de empresas que tenham sua falência decretada.

Decadência dos Créditos da Seguridade Social

O instituto da decadência atinge a constituição do crédito, representando, pois, a perda do direito de promover o lançamento de ofício. Na esfera da Seguridade Social, opera-se no prazo de 10 anos contados:

a) do primeiro dia do exercício seguinte àquele em que o crédito poderia ter sido constituído; ou

b) da data da decisão definitiva que houver anulado, por vício formal, a constituição de crédito anteriormente efetuada.

Prescrição dos Créditos da Seguridade Social

A prescrição consiste na perda do direito da ação de cobrança dos créditos correspondentes, ou seja, na perda do direito de promover a execução fiscal. Na esfera da Seguridade Social, opera-se no prazo de 10 anos contados da constituição definitiva do crédito.

Posição Jurisprudencial

Sobre o tema, recentemente, a Associação Paulista de Estudos Tributários divulgou artigo sobre o posicionamento da Corte Especial do Superior Tribunal de Justiça (STJ) que julgou inconstitucional artigo de lei que autorizava o INSS a apurar e constituir créditos pelo prazo de 10 anos. De acordo com o relator do recurso especial em que se verificou a argüição de inconstitucionalidade, Min. Teori Albino Zavascki, as contribuições sociais destinadas a financiar a seguridade social têm natureza tributária. Em razão desse fato, caberia à lei complementar, e não ordinária, dispor sobre normas gerais de prescrição e decadência tributárias, conforme exigência do art. 146, III, *b*, da CF.

O posicionamento que foi seguido por unanimidade dos membros da Corte Especial teve lugar no recurso especial interposto pela Companhia Materiais Sulfurosos de Minas Gerais, em face do INSS, em que pretendia ter reconhecido o direito à compensação de valores indevidamente recolhidos, como contribuição previdenciária, incidente sobre a remuneração de trabalhadores autônomos, avulsos e administradores, no ano de 1989.

E empresa alegou que, apesar de o CTN fixar o prazo de cinco anos para a homologação tácita, o INSS desconsidera o prazo assim estabelecido e, com base no art. 45 da Lei 8.212/91, promove a fiscalização no prazo de dez anos. No caso posto em discussão, o INSS considerou a homologação tácita do recolhimento discutido em outubro de 1999, a partir do qual se iniciaria o prazo de mais cinco anos para o pedido de restituição. Por tal razão, de acordo com o entendimento da empresa, o pedido de compensação feito em 2000 não estaria prescrito.

Vislumbrando a inconstitucionalidade na lei invocada pela empresa, da qual o INSS se vale para delimitar seu direito de apurar e constituir seus créditos, a Primeira Turma, por unanimidade, determinou a instauração de incidente de inconstitucionalidade, com remessa à Corte Especial em que ocorreu o julgamento do recurso especial.

Parte 3

PLANO DE BENEFÍCIOS
LEI 8.212/91

Capítulo 1

Prestações da Previdência Social

As prestações da Previdência Social classificam-se em benefícios e serviços. Os primeiros são identificáveis por consistirem em valores pagos em dinheiro ao segurado ou aos seus dependentes. Os segundos consistem em bens imateriais que a eles são disponibilizados.

Tais prestações, portanto, têm como destinatários os que tenham a qualidade de segurados ou os que sejam deles dependentes.

Segurados

Os segurados da Previdência Social são as pessoas físicas que em decorrência de imposição legal ou por mera faculdade, filiam-se ao Regime Geral da Previdência para fins de com ele contribuir, visando, ou não, ao exercício de determinado benefício futuro. Com efeito, todos os segurados da Previdência Social têm também a qualidade de contribuintes.

A quantia com a qual contribuirão mensalmente para o sistema será determinada a partir do salário-de-contribuição, conforme já estudado anteriormente.

Quanto às modalidades, os segurados classificam-se em obrigatórios e facultativos, de forma que, como a própria classificação já indica os primeiros têm obrigação de contribuir para o sistema em decorrência de lei, ao passo que os segundos, não tendo tal obrigatoriedade, participam do sistema por simples opção.

Os segurados obrigatórios encontram-se elencados no art. 11 da Lei 8.213/91, subdividindo-se nas modalidades comum, individual e especial. Regra geral, são segurados comuns os empregados e os trabalhadores avulsos; individuais, os autônomos e equiparados, os sócios de pessoas jurídicas, o empresário individual etc; e especiais, aqueles que desenvolvem atividades rurais, pesqueiras, artesanais e garimpeiras, desde que em regime de economia familiar.

A figura do segurado facultativo encontra-se inserta no art. 11 do Decreto 3.048/99, que o define como sendo o maior de 16 anos de idade que venha a se filiar ao sistema, desde que não esteja exercendo atividade remunerada que o enquadre como segurado obrigatório. São exemplos desse tipo de segurado o desempregado, a dona-de-casa, o síndico de condomínio, o estagiário, o bolsista etc.

Manutenção da Qualidade de Segurado

A qualidade de segurado é adquirida a partir da inscrição ao sistema e será mantida enquanto o segurado permanecer contribuindo para o Regime Geral da Previdência Social. Verifica-se, desse modo, que, além da inscrição, o segurado deve contribuir para o Regime sob pena de perder tal condição. Nesse mister, convém distinguir entre *inscrição* e *filiação*.

A inscrição consiste no ato pelo qual o segurado é cadastrado no Regime Geral da Previdência Social mediante a comprovação de seus dados pessoais e de outros elementos necessários e úteis à sua caracterização. A filiação, a seu turno, consiste no vínculo que se estabelece entre as pessoas que contribuem para o sistema e a Previdência Social e do qual decorrem direitos e obrigações.

O art. 15 da Lei 8.213/91 excepciona algumas situações nas quais o segurado mantém esta qualidade independentemente de estar contribuindo para o sistema, implicando no denominado *período de graça*.

De acordo com o mencionado dispositivo, mesmo não estando contribuindo, o segurado não perderá esta condição nos seguintes casos:

I – sem limite de prazo, caso esteja no gozo de algum benefício;

II – até 12 meses, após a cessação das contribuições, quando deixe de exercer atividade remunerada abrangida pela Previdência Social ou estiver suspenso ou licenciado sem remuneração. Referido prazo será prorrogado para até 24 meses caso o segurado possua mais de 120 contribuições, sem interrupção. Ainda, a esses prazos serão acrescidos mais 12 meses, para o segurado desempregado e que comprove essa situação pelo registro no órgão próprio do Ministério do Trabalho e Previdência Social;

III – até 12 meses, após cessar a segregação, se acometido de doença de segregação compulsória;

IV – até 12 meses após o livramento, se retido ou recluso;

V – até 3 meses após o licenciamento, o segurado incorporado às Forças Armadas a fim de prestar serviço militar;

VI – até 6 meses após a cessação das contribuições, quando facultativo.

Dependentes

São pessoas que dependem economicamente do segurado em caráter alimentar. Sendo assim, a dependência previdenciária não é de ser confundida com a civil ou com a fiscal, tendo em vista a natureza especificamente alimentar dos benefícios disponibilizados. Os dependentes, de acordo com o art. 16 da Lei 8.213/91, dividem-se nas seguintes classes, a saber:

I – Primeira Classe: cônjuge, companheiro(a), filho não emancipado de qualquer condição menor de 21 anos ou inválido, independente da idade. Nesta classe, a dependência é presumida, não sendo exigido, nesse sentido, qualquer tipo de prova;

II – Segunda Classe: os pais;

III – Terceira Classe: os irmãos não emancipados menores de 21 anos ou inválidos, independente da idade.

Tratando-se da segunda e terceira classes, é exigível a prova da dependência alimentar.

Para fins de pagamento do benefício, a classe mais próxima exclui a mais remota e, havendo pluralidade de dependentes, dentro da mesma classe, o valor do benefício será rateado igualmente entre os mesmos. A parte cabente a cada um dos dependentes, após o rateio, é denominada cota previdenciária.

O enteado e o menor tutelado são equiparados a filho, mediante declaração do segurado, mas somente terão direito ao benefício desde que comprovem a dependência econômica.

Ainda de acordo com a lei, será considerado companheiro(a) a pessoa que, sem ser casada, mantém união estável com o segurado. Por outro lado, nos termos do Regulamento da Previdência Social, considera-se união estável aquela verificada entre o homem e a mulher, como entidade familiar, quando forem solteiros, separados judicialmente, divorciados ou viúvos, ou que tenham prole em comum, enquanto estiverem na constância da união.

A perda da qualidade de dependente ocorre nas seguintes situações:

I – para o cônjuge, pela separação judicial ou divórcio, enquanto não lhe for assegurada a prestação de alimentos, pela anulação do casamento, pelo óbito ou por sentença judicial transitada em julgado;

II – para o companheiro (a) pela cessação da união estável com o segurado, enquanto não lhe for garantida a prestação de alimentos;

III – para o filho e o irmão, de qualquer condição, ao completarem 21 anos de idade, salvo se inválidos, exceto, neste caso, se a emancipação for decorrente de colação de grau científico em curso de ensino superior;

IV – para os dependentes em geral;

V – pela cessação da invalidez;

VI – pelo falecimento.

Prestações da Previdência Social

São prestações previdenciárias destinadas aos segurados:

a) aposentadoria por invalidez;

b) aposentadoria por idade;

c) aposentadoria por tempo de contribuição;

d) aposentadoria especial;

e) auxílio-doença;

f) salário-família;

g) salário-maternidade;

h) auxílio-acidente.

São prestações previdenciárias devidas aos dependentes:

a) pensão por morte;

b) auxílio-reclusão.

São prestações previdenciárias devidas aos segurados e aos seus dependentes:

a) serviço social;

b) reabilitação profissional.

Salário-de-benefício

Excetuando-se o salário-família e o salário-maternidade, o valor dos benefícios de prestação continuada serão calculados com base no *salário-de-benefício* que, por sua vez, consiste na média aritmética simples dos maiores salários-de-contribuição correspondentes a

80% de todo o período contributivo, multiplicada pelo *fator previdenciário*.

Saliente-se que em se tratando de benefício previdenciário decorrente da infortunística, não haverá aplicação daquele fator.

O valor relativo ao salário-de-benefício, tratando-se de prestação continuada e observadas as ressalvas legais, não será inferior a um salário mínimo nem superior ao limite máximo do salário-de-contribuição.

Por outro lado, para o cálculo do valor do salário-de-benefício, serão considerados todos os ganhos habituais do segurado empregado, recebidos a qualquer título, sob forma de moeda corrente ou de utilidades, sobre os quais haja incidido contribuições previdenciárias, com exceção do 13º salário.

Caso, no período básico de cálculo, o segurado tiver recebido benefícios por incapacidade, sua duração será contada considerando-se como salário-de-contribuição, no período, o salário-de-benefício que serviu de base para o cálculo da renda mensal, reajustado nas mesmas épocas e bases dos benefícios em geral.

Vale lembrar que o salário-de-benefício (SB) não deve ser confundido com a renda mensal do benefício (RMB).

Renda Mensal do Benefício

A renda mensal do benefício corresponde a um percentual até o limite de 100% de acordo com o benefício disponibilizado, incidente sobre o valor do salário-de-benefício, e que representa a quantia que o segurado efetivamente irá receber. Exemplificando: no caso de auxílio-doença, a renda mensal do benefício corresponderá a 91% calculado sobre o valor do salário-de-benefício.

Capítulo 2

Benefícios Previdenciários Decorrentes da Infortunística

O Direito Acidentário pode ser conceituado como o sub-ramo do Direito Previdenciário, cujo objeto de estudo incide sobre a infortunística e as relações jurídicas que, em decorrência dela, se estabelecem. A infortunística, a seu turno, consiste na disciplina da medicina legal relacionada ao acidente do trabalho e à doença profissional.

Em termos de contextualização histórica, as primeiras preocupações com a infortunística tiveram lugar por ocasião da Revolução Industrial, quando se verificou a substituição da atividade artesanal pela utilização das máquinas, dentre as quais as principais foram o tear e a máquina a vapor, haja vista o crescente número de acidentes no setor fabril em decorrência dos quais os acidentados ficavam sem ter condições de manter sua subsistência e a daqueles que dele dependiam economicamente.

A legislação alemã pode ser mencionada como a primeira a disciplinar o acidente do trabalho, em 1883, por iniciativa de Otto von Bismarck. Referida legislação, além de definir o que considerava como acidente do trabalho, dispunha sobre a assistência médica e a farmacêutica relativa ao acidentado. Estabelecia, ademais, a pensão por morte em caso de falecimento.

Determinava, dessa forma, que aquele que se acidentasse em decorrência de atividade laborativa deveria receber 100% do valor do salário enquanto perdurasse a incapacidade decorrente do acidente. A legislação, entretanto, aplicava-se apenas às indústrias, cujas atividades eram tidas como perigosas, deixando ao desamparo aqueles que viessem a sofrer acidentes em outro tipo de indústria ou atividade.

Outros países seguiram a orientação traçada por Bismarck, criando as respectivas legislações com as correspondentes especificidades. Assim, para fins de ilustração, cita-se a Inglaterra, que, no ano de 1897, estabeleceu norma que previa o pagamento de benefícios ao segurado, mas no qual não eram inclusos os direitos à pensão por morte e à assistência médica. Por outro lado, a norma previa que se o acidente ocorresse por negligência do acidentado, o empregador não teria obrigação de indenizá-lo.

Em 1898, a França editou norma prevendo o pagamento ao trabalhador que sofresse acidente no trabalho ou que fosse vítima de doenças profissionais. A indenização, contudo, era restrita àqueles que desenvolvessem atividades perigosas nas indústrias de construção, manufatura, transporte terrestre e fluvial e também em atividades de mineração. Para fins de seguro, que era facultativo, previa-se a cobertura de auxílio funeral, assistência médica e financeira. No mesmo ano a Itália criou norma acerca do tema.

A legislação espanhola, no ano de 1900, definiu o acidente do trabalho, cujo conceito foi recepcionado pela legislação pátria hodierna.

Seguiram-se leis no mesmo sentido nos Estados Unidos, em 1911, e em Portugal, no ano de 1913.

A Organização Internacional do Trabalho (OIT) estabeleceu normas relativas ao acidente do trabalho e demais contingências a ele relativas, no ano de 1921.

Entretanto, nas mencionadas legislações, a instituição dos seguros era facultativa, ficando a cargo do empregador, e não era extensiva a todas as categorias profissionais.

Por outro lado, da forma como era regulada a proteção acidentária do trabalhador pelas diversas legislações, impôs-se uma nova problemática, qual seja, a responsabilidade do empregador na situação infortunística sofrida por seu empregado.

Basicamente, a discussão acerca da responsabilidade do empregador se dava em plano da subjetividade. Observa-se, assim, que as primeiras teorias a respeito implicavam no caráter subjetivo da responsabilidade, visto que exigiam a prova da culpa do empregador ou do proprietário da coisa envolvida no acidente para que houvesse expectativa quanto à indenização. Somente com a evolução do tema relativo à matéria acidentária é que a responsabilidade se desloca para o campo objetivo, no qual é dispensada a existência da culpa e de sua prova.

Surgem, assim, diversas teorias, cujas principais se analisa em seguida de forma sucinta.

Teoria da Culpa Aquiliana, Extracontratual ou da Culpa Delitual

Oriunda do Direito Romano, a teoria se embasa na culpa do empregador pela ocorrência do acidente. A culpa, nesse sentido, pode ser conceituada como toda conduta omissiva ou comissiva que implica em negligência, imprudência ou imperícia de alguém e que causa dano a outrem, embora não desejando o resultado produzido. Com efeito, a aplicação da teoria impunha, a fim de que o dano fosse indenizado, além de sua efetiva ocorrência também a demonstração da culpa do empregador, cuja prova ficava a cargo do empregado acidentado.

A indenização exigia, assim, a verificação de três pressupostos: dano, culpa e nexo de causalidade.

Certo é que, incumbindo o ônus da prova à própria vítima, essa era de difícil produção, visto o receio do empregado em vir a perder o emprego caso culpasse seu empregador pelo evento danoso. No Brasil, essa teoria foi aplicada até o advento da Lei 3.724, de 1919.

Teoria do Contrato

A teoria do contrato tem por substrato a obrigação do empregador em remunerar o trabalhador acidentado como decorrência de cláusula implícita no contrato de trabalho. Sua aplicação apresentava o inconveniente de somente proteger os acidentados que possuíssem contrato de trabalho, deixando, pois, ao desamparo outros tipos de trabalhadores.

Por outro lado, a presunção quanto à culpa do empregador, no acidente sofrido pelo trabalhador, era relativa, posto que passível de prova em contrário.

Teoria da Responsabilidade pelo Fato da Coisa

A teoria estabelecia que a obrigação de indenizar seria do proprietário da coisa que viesse a causar o dano ao acidentado, a exemplo do proprietário da máquina. Não se cogitava, dessa forma, necessariamente, da culpa do empregador, e sim do proprietário da coisa.

Teoria do Risco Profissional

Diferentemente das anteriores, que eram fundadas na culpa, a teoria do risco profissional passa a determinar a responsabilidade objetiva ao empregador e, portanto, independente da prova da culpa pelo dano causado ao trabalhador.

Na medida em que, independendo da culpa do empregado ou do empregador, poderia colocar em risco a sobrevivência do próprio negócio explorado pelo empregador, fez-se necessária a fixação de uma limitação ao pagamento das indenizações. Surgiram, assim, as indenizações tarifárias que possibilitavam ao empregador o conhecimento prévio dos valores a serem pagos proporcionalmente à extensão do dano.

O amparo, contudo, continuava a dar-se apenas em relação aos que desenvolvessem atividades tidas por perigosas e que estivessem resguardados por contratos de trabalho, não abrangendo, desse modo, os demais trabalhadores.

Teoria do Risco da Atividade ou Autoridade

Baseava-se na subordinação do empregado em face do seu empregador, fazendo pressupor, como as teorias anteriores, a existência de um contrato de trabalho. Em razão da subordinação, o empregador teria de indenizar o empregado sempre que esse viesse a sofrer um dano em razão da atividade exercida e sobre a qual o empregador tivesse poder de mando.

Teoria do Seguro Social ou do Risco Social

Adotada nos dias atuais, a teoria do risco social baseia-se no princípio da solidariedade e que impõe a todos os membros da sociedade o dever de se cotizarem visando à cobertura das contingências sociais, a exemplo da velhice, do desemprego, da doença etc.

Com efeito, a responsabilidade pelo dano ocasionado ao acidentado deixa de ser do empregador para ser atribuída ao Estado e suportado por toda a sociedade, independentemente de relação de emprego.

Eis a teoria adotada pela Constituição de 1988 e pela Lei 8.213/91 no que respeita à matéria acidentária.

Benefícios decorrentes da Infortunística

Em matéria de Direito Acidentário, são contemplados pela legislação previdenciária quatro modalidades de benefícios, quais sejam, auxílio-doença; auxílio-acidente; aposentadoria por invalidez e pensão por morte.

Auxílio-Doença

O benefício é previsto pelo art. 201, I, da CF e disciplinado nos arts. 59 a 63 da Lei 8.213/91. Pode ser conceituado como sendo devido ao segurado que, havendo cumprido o período de carência exigido, quando for o caso, ficar incapacitado para o trabalho ou para sua atividade habitual por mais de 15 dias consecutivos.

Depreende-se do conceito, assim apresentado, que para eventual concessão do benefício é exigida a qualidade de segurado, qualquer que seja sua classificação, e a incapacidade.

A qualidade de segurado, conforme já estudado, adquire-se mediante filiação ao Regime Geral da Previdência. Relembre-se, nesse sentido, a questão do período de graça em que o segurado mantém tal condição independentemente de contribuição, conforme estabelecido no art. 15 da Lei 8.213/91. A incapacidade, entretanto, deve dar-se posteriormente à aquisição ou manutenção da qualidade de segurado, visto que o benefício não será concedido ao segurado que, ao se filiar ao regime, já for portador da lesão ou da doença invocada como fundamento para sua concessão.

Entretanto, ainda nesse caso, o benefício será concedido mediante a comprovação de que a incapacidade decorreu do agravamento da doença ou da lesão preexistentes, caso em que será exigido o cumprimento do período de carência.

Por outro lado, a incapacidade há de ter caráter transitório, gerando, portanto, a presunção de restabelecimento futuro, conquanto não se saiba por quanto tempo irá perdurar. Note-se, também, que a incapacidade por período inferior ou igual a 15 dias não dá direito ao benefício.

Mencionado lapso temporal é denominado doutrinariamente como *período de espera* e sua exigência se justifica para impedir o desencadeamento da máquina administrativa em face das enfermidades de curta duração, como ocorre no caso das gripes e dos resfriados. O período de espera impõe-se, portanto, como instrumento de seleção de riscos. Com efeito, juridicamente só é considerado para fins de auxílio-doença o período superior aos 15 dias de incapacidade, ficando o período inferior ou igual a tal prazo a cargo do empregador quando se tratar de segurado empregado, excetuado o doméstico.

De outro lado, cabe à empresa que dispuser de serviço médico próprio ou em convênio o exame médico e o abono de faltas correspondentes aos primeiros quinze dias de afastamento. Ultrapassados os 15 dias consecutivos, o segurado será encaminhado à perícia médica do INSS.

Verificando-se nova concessão do benefício, dentro de 60 dias contados da cessação do anterior, em razão da mesma doença, a empresa ficará desobrigada do pagamento relativo aos primeiros 15 dias, considerando-se prorrogado o benefício anterior e descontando-se os dias trabalhados, se for o caso.

Se, entretanto, o empregado afastado durante os 15 dias consecutivos retornar no 16º dia e se afastar novamente nos próximos 60 dias contados do retorno, somente terá direito ao auxílio-doença a partir da data do último afastamento. Nesse mesmo caso, se o empregado retornar antes de decorridos os 15 dias, somente terá direito ao benefício a partir do dia seguinte ao que completar o período de 15 dias.

A carência, número mínimo de contribuições para a concessão do auxílio-doença, é de 12 contribuições, não sendo exigida nos casos de acidente de qualquer natureza, ou causa, e de doença profissional ou do trabalho. De igual modo, não será exigida a carência quando o segurado for acometido das enfermidades previstas no art. 151 da Lei 8.213/91, a exemplo da tuberculose ativa, hanseníase, câncer etc.

O valor da renda mensal do benefício corresponderá a 91% do salário-de-benefício calculado pela média aritmética simples dos maiores salários-de-contribuição correspondentes a 80% de todo o período contributivo sem a aplicação do fator previdenciário. Assim, se, por exemplo, o salário-de-benefício resultar em R$ 1.000,00, o segurado receberá a título de renda mensal do benefício o valor de R$ 910,00.

O valor será devido aos empregados, salvo os domésticos, a partir do 16º dia contado da incapacidade e para os demais segurados, inclusive o doméstico, a partir da data da incapacidade. Em qualquer caso, quando requerido após 30 dias do afastamento, o benefício será devido a partir da data do requerimento.

Certo é, por outro lado, que se o acidentado não se afastar do trabalho no dia do acidente, os 15 dias de responsabilidade do empregador pela remuneração de seu empregado serão contados a partir da data do afastamento.

O auxílio-doença será devido durante o curso de reclamação trabalhista relacionada com a rescisão do contrato de trabalho, ou após a decisão final, desde que implementadas as condições estabelecidas em lei.

Ademais, quando o segurado exercer mais de uma atividade abrangida pelo Regime Geral da Previdência Social, o auxílio-doença será devido mesmo quando a incapacidade se dê em relação a apenas uma delas, devendo a perícia médica ser informada de todas as atividades que o segurado estiver exercendo.

Neste caso, se a incapacidade ocorrer definitivamente para uma das atividades, o benefício deverá ser mantido indefinidamente, não podendo ser convertido em aposentadoria por invalidez, enquanto a incapacidade não for extensiva às outras atividades.

Se, porém, nas várias atividades o segurado exercer a mesma profissão, será determinado o afastamento imediato de todas elas.

Deve-se ressaltar que o INSS deverá processar de ofício o benefício, desde que tenha ciência da incapacidade do segurado e ainda que esse não tenha requerido sua concessão.

Incapacidade

O ônus, quanto à prova da doença, incumbe ao segurado, que para esse fim deverá apresentar ao empregador atestado médico expedido pela Previdência.

A incapacidade pode ser classificada como absoluta, parcial, permanente ou temporária. Assim, temos:

a) absoluta – é aquela pela qual se verifica a impossibilidade do exercício de qualquer espécie de trabalho remunerado, de forma a impossibilitar a pessoa de exercer qualquer atividade. Ex.: cegueira total;

b) parcial – é aquela que apenas priva o segurado de exercer sua atividade habitual, mas não o impede de exercer outra. Ex.: lesão na mão;

c) permanente – verifica-se quando, mesmo restabelecida do acidente, a pessoa se mostre incapacitada para o exercício de sua atividade habitual. Nesse caso, deve-se analisar se a incapacidade é total ou parcial. Ex.: perda de dedos da mão;

d) temporária – é a incapacidade que decorre do acidente mas que perdura apenas durante o tratamento, após o qual a pessoa adquire a ampla capacidade para exercer suas funções habituais. Ex.: fratura de braço.

Como visto, a incapacidade que possibilita o acesso ao benefício do auxílio-doença é apenas a temporária, em razão da presunção de restabelecimento.

Assim sendo, e sob pena de suspensão do benefício, o segurado, no gozo do auxílio-doença, fica obrigado a submeter-se a exame pericial periódico, a cargo do INSS, objetivando a avaliação quanto ao restabelecimento de suas condições. De igual modo, deve submeter-se a processo de reabilitação profissional, prescrito e custeado pelo INSS, e tratamento que lhe será dispensado gratuitamente, com exceção de intervenção cirúrgica e transfusão de sangue, posto que lhe são facultativos.

Com efeito, cessa o auxílio-doença com a recuperação da capacidade para o trabalho ou quando, em decorrência do processo de reabilitação, for considerado apto para o desempenho de outra atividade que lhe garanta a subsistência.

Sendo o segurado considerado insuscetível de recuperação, o benefício relativo ao auxílio-doença cessa em razão de sua conversão em aposentadoria por invalidez.

Modalidades de auxílio-doença

O auxílio-doença admite duas modalidades: auxílio-doença acidentário e auxílio-doença comum ou ordinário.

Auxílio-doença acidentário

Consiste na modalidade do benefício que substitui o salário-de-contribuição, concedido em razão de incapacidade temporária decorrente de acidentes de qualquer natureza e de acidente do trabalho e equiparados, não sendo exigível a carência.

Acidente de qualquer natureza

Representa a contingência de origem traumática ou decorrente da exposição a agentes químicos, físicos e biológicos (exógenos) e que acarreta lesão corporal ou perturbação funcional que, por sua vez, causa a perda ou a redução permanente ou temporária da atividade laborativa sem que, contudo, exista nexo de causalidade entre o acidente sofrido e a atividade laborativa desenvolvida. Ex.: lesão decorrente de acidente de veículo.

Acidente do trabalho

Consiste na contingência que se verifica no exercício do trabalho, ou a serviço de empregador ou, ainda, na atividade exercida pelos segurados especiais, e que provoca lesão corporal ou perturbação funcional que, por sua vez, cause a morte ou a perda ou a redução, permanente ou temporária, da capacidade para o trabalho. Exige, para sua concessão, portanto, nexo de causalidade entre o trabalho, ou atividade desenvolvida, e o acidente verificado. Ex.: eletricista que recebe uma descarga elétrica.

O acidente do trabalho é denominado *acidente tipo*, *típico* ou, ainda, de *causalidade direta*. Tem como caracteres de identificação o fato de ser uno, instantâneo e imprevisto e que se relaciona com a atividade laboral.

A doença do trabalho e a doença profissional, para fins previdenciários, são consideradas acidentes do trabalho. Diferem, entretanto, do acidente tipo na medida em que, ao contrário deste, verificam-se com o decorrer do tempo, sendo, por outro lado, previsíveis.

Distingue-se a doença profissional da doença do trabalho, visto ser a primeira uma espécie da segunda que assim representa o gênero.

O art. 20, I, da Lei 8.213/91, define a doença profissional como aquela produzida, ou desencadeada, pelo exercício do trabalho peculiar a determinada atividade, a exemplo da LER (Lesão por Esforço Repetitivo), que acomete os que desempenham a atividade de digitadores. Como estão associadas a atividades específicas, as doenças profissionais são também conhecidas como *tecnopatias*.

A doença do trabalho vem definida no inciso II do mencionado artigo, que a conceitua como sendo a adquirida, ou desencadeada, em função das condições especiais em que o trabalho é realizado e que com ele se relacionam diretamente. Dessa forma, não atinge um grupo profissional em particular, mas os trabalhadores que estejam expostos a tais condições especiais. Verifica-se, pois, pela exposição dos trabalhadores aos agentes exógenos, assim, denominados os químicos, físicos e biológicos. As doenças do trabalho são conhecidas como *ergopatias*.

De qualquer modo, tanto as tecnopatias quanto as ergopatias estão sujeitas à estrita reserva legal, visto que somente são assim consideradas aquelas enfermidades constantes da relação elaborada pelo Ministério do Trabalho e da Previdência Social. Desse modo, ainda que uma doença possa ser desencadeada em decorrência de determinada atividade laboral, se não constante do Anexo II do Regulamento da Previdência Social, não conferirá, de plano, direito ao benefício relativo ao auxílio-doença. Tais enfermidades, por não estarem previstas no mencionado regulamento, são conhecidas como *mesopatias*.

Nesse aspecto, determina o § 2º do art. 20 da Lei 8.213/91 que em caso excepcional, constatando-se que a doença, não incluída no mencionado rol, resultou das condições especiais em que o trabalho é executado e que com ele se relaciona diretamente, a Previdência Social deve considerá-la como acidente do trabalho. Essa é a determinação legal, mas, em regra, raramente verificável na prática, impondo ao acidentado, a fim de conseguir o benefício, a via judicial.

Por expressa determinação legal, a doença degenerativa, a inerente a grupo etário e a que não produza incapacidade laborativa não conferem direito ao benefício. O mesmo se verifica com relação à doença endêmica, adquirida por segurado habitante da região na qual a mesma se desenvolva, salvo se este comprovar que a doença resultou da exposição ou contato direto e determinado pela natureza do trabalho desenvolvido.

Equiparados ao acidente do trabalho

O art. 21 da Lei 8.213/91, em seus incisos II, III e IV, equipara ao acidente do trabalho determinadas ocorrências que consistem no que a doutrina denomina como *causalidade indireta*. Assim, tem-se o acidente sofrido pelo segurado no local e no horário de trabalho por ato de terceiro, ou companheiro; o que se verifique em decorrência de caso fortuito; a doença proveniente de contaminação acidental e o acidente *in itinere*.

Por acidente decorrente de ato de terceiro entende-se o ato de agressão, sabotagem ou terrorismo praticado por terceiro ou companheiro de trabalho; a ofensa física intencional, inclusive de terceiro, por motivo de disputa relacionada ao trabalho; o ato decorrente de culpa de terceiro ou companheiro de trabalho e aquele produzido por pessoa desprovida do uso da razão.

O acidente do trabalho em razão de caso fortuito é o que se verifica, por exemplo, nas situações de desabamento, inundação e incêndio, dentre outros decorrentes de eventos da natureza.

Considera-se acidente *in itinere* aquele sofrido pelo segurado, ainda que fora do local e horário de trabalho, mas que se dê na execução de ordem ou realização de serviço sob autoridade do empregador; prestação espontânea de qualquer serviço ao empregador, para lhe evitar prejuízo ou proporcionar proveito; em viagem a serviço do empregador e, ainda, no percurso para o local de trabalho.

Concausalidade

A concausa encontra-se prevista no art. 21, I, da Lei 8.213/91, sendo equiparada ao acidente do trabalho. Nos termos do artigo mencionado, é definida como o acidente ligado ao trabalho que, embora não constituindo a única causa, tenha contribuído diretamente para a morte do segurado, para redução ou perda da sua capacidade laborativa, ou produzido lesão que exija atenção médica para sua recuperação.

Exemplo de concausalidade é a situação em que o empregado fere o braço em um acidente de trabalho e, sendo diabético, vem a ter de amputar o braço em razão de gangrena. Tem-se, do referido exemplo, que o ferimento decorreu do acidente tipo que, associado à concausa, diabetes, acarretou a amputação do membro.

A concausalidade pode ser preexistente, simultânea ou posterior ao acidente tipo.

Auxílio-doença ordinário ou comum

Consiste no benefício que decorre de outras enfermidades de origem não-ocupacional. Para sua concessão é exigida a carência mínima de 12 meses de contribuição.

Garantia de Emprego do Acidentado

Ao segurado empregado, no gozo de auxílio-doença, a lei assegura a garantia de emprego, conforme disposto no art. 118 do Plano de Benefícios, pelo prazo mínimo de 12 meses após cessar o auxílio-doença. Verifique-se, pois, que o termo *a quo* para contagem do referido prazo inicia-se com a data da cessação do benefício e não da alta médica.

De acordo com o artigo mencionado, a garantia persiste independentemente da percepção do auxílio-acidente, que estudaremos adiante, tendo em vista que se tratando de segurado empregado, a concessão do auxílio-doença faz com que o contrato de trabalho fique suspenso, e não interrompido, considerando-se o segurado como licenciado do emprego. Significa, ademais, que a garantia de emprego é assegurada ainda que o retorno ao trabalho se dê sem nenhuma seqüela.

A garantia, portanto, diz respeito ao contrato de trabalho e não à função exercida, devendo, pois, o trabalhador reassumir sua atividade habitual, ou qualquer outra função compatível com sua condição, desde que lhe seja mantida remuneração não inferior a recebida antes da ocorrência do acidente.

O empregado, porém, não terá direito à garantia de emprego nas seguintes situações:

a) se houver concessão de auxílio-doença ordinário, visto que não deriva de relação de emprego;

b) se o contrato de trabalho for por prazo determinado ou tratar-se de contrato de experiência, visto que as partes sabem com antecipação a data de seu término;

c) na vigência de aviso prévio, se os 15 dias recaírem fora da projeção do aviso.

Comunicação do Acidente

De acordo com a expressa determinação legal, o empregador deverá comunicar o acidente do trabalho à Previdência Social até o primeiro dia útil seguinte ao de sua ocorrência através da CAT – Comunicação de Acidente do Trabalho. No caso de morte, o empregador deverá fazer a comunicação de imediato à autoridade competente.

A multa pelo descumprimento de tal obrigação variará entre o limite mínimo e o limite máximo do salário-de-contribuição sendo sucessivamente aumentada em caso de reincidência. Da comunicação receberão cópia o acidentado, ou seus dependentes, e o sindicato de sua categoria.

No caso de falta de comunicação do empregador, e sem prejuízo da multa a ser aplicada, esta poderá ser promovida pelo próprio acidentado ou seus dependentes, pelo sindicato de sua categoria, pelo médico que o assistiu ou por qualquer autoridade pública.

Tratando-se de doença profissional do trabalho, será considerado como dia do acidente a data do início da incapacidade ou o dia em que for realizado o diagnóstico, valendo para tal fim o que ocorrer primeiro.

Não cumulação

O auxílio-doença não é cumulável com qualquer espécie de aposentadoria paga pelo Regime Geral da Previdência Social, de acordo com o estabelecido no art. 124, I, da Lei 8.213/91.

Auxílio-Acidente

O benefício em estudo encontra-se instituído no art. 86 da Lei 8.213/91 e regulamentado pelo art. 104 do Decreto 3.048/99, devendo ser concedido ao segurado empregado, exceto ao doméstico, ao trabalhador avulso e ao segurado especial como indenização, quando, após consolidação das lesões decorrentes de acidente de qualquer natureza, resultarem seqüelas definitivas.

Referidas seqüelas, muito embora definitivas, para que possam dar direito ao benefício, têm necessariamente de implicar em:

a) redução da capacidade para o trabalho que o segurado habitualmente exercia;

b) redução da capacidade para o trabalho que o segurado habitualmente exercia e exija maior esforço para o desempenho de tal atividade;

c) impossibilidade de desempenho da atividade que exerciam à época do acidente, embora permita o desempenho de outra após o processo de reabilitação.

Nota-se, pois, que para a concessão do auxílio-acidente são exigidos os seguintes requisitos: a condição de segurado; a ocorrência de um acidente de qualquer natureza; a consolidação das lesões e a existência de seqüelas que impliquem na redução da capacidade para as atividades exercidas anteriormente ao acidente.

A condição de segurado decorre da filiação ao Regime Geral da Previdência Social. A concessão do benefício independe de carência.

Embora a lei exija a condição de segurado para que se opere a concessão do auxílio-acidente, certo é que nem todos os segurados fazem jus ao benefício. Assim, não têm direito a ele os empregados domésticos, os segurados facultativos, os segurados individuais e os que estiverem desempregados na época do evento acidentário.

Em resumo, o art. 104 do RGPS especifica que o benefício é devido, apenas, aos segurados empregados, avulsos e especiais.

Quanto ao acidente de qualquer natureza, sua definição é fornecida pelo parágrafo único do art. 30 do RGPS, que assim dispõe:

> "Entende-se como acidente de qualquer natureza ou causa aquele de origem traumática e por exposição a agentes exógenos (físicos, químicos e biológicos), que acarrete lesão corporal ou perturbação funcional que cause a morte, perda, ou redução permanente ou temporária da capacidade laborativa."

Assim sendo, diferentemente do que ocorre em relação aos benefícios relativos ao auxílio-doença e à aposentadoria por invalidez, o auxílio-acidente não exige a incapacidade laborativa, pressupondo, tão-somente, a redução da capacidade para o trabalho resultante de lesão consolidada.

Por outro lado, nos termos do § 4º do art. 104 do RGPS, não darão ensejo ao benefício os danos funcionais ou a redução da capacidade funcional sem repercussão na capacidade laborativa, nem a mudança de função, mediante readaptação profissional promovida pela empresa, como medida preventiva, em decorrência de inadequação do local de trabalho.

A perda de audição, seja em que grau for, somente conferirá direito ao benefício quando, além do reconhecimento do nexo causal entre o trabalho e a doença, ficar comprovada a redução ou perda da capacidade para o trabalho que o segurado exerce.

O benefício em estudo não tem a finalidade de substituir o salário-de-contribuição, mas apenas a de indenizar o segurado pela redução ou perda que sofreu em sua capacidade laborativa. Assim, ao contrário de outros benefícios pagos a título de remuneração, o auxílio-acidente é pago a título de indenização.

Por tal motivo, e correspondendo a 50% do salário-de-benefício, seu valor poderá ser, conforme o caso, inferior a um salário mínimo.

O benefício será devido até a véspera do início de qualquer aposentadoria, ou óbito, ou a partir do dia seguinte ao da cessação do auxílio-doença.

Por outro lado, como é pago posteriormente à consolidação das lesões e recuperação do segurado, este poderá, ao retornar ao trabalho, receber o benefício cumulativamente com seu salário normal. Com efeito, nos termos da lei, o recebimento de salário ou concessão de outro benefício não prejudicará a continuidade do auxílio-acidente, ressalvado o relativo à aposentadoria ou outro da mesma espécie. Neste último caso, a vedação encontra-se expressa no art. 124, V, da Lei 8.213/99, que proíbe o recebimento de mais de um auxílio-acidente.

Assim, se concedida ao segurado qualquer espécie de aposentadoria, cessará o pagamento do benefício acidentário. De igual modo, caso venha a fazer jus a outro auxílio-acidente, já estando o segurado recebendo um benefício desta espécie, não haverá cumulação, caso em que lhe será pago o valor mais vantajoso.

Tratando-se de direito personalíssimo, o benefício não poderá ser incorporado à pensão por morte, não sendo, portanto, transmissível aos dependentes do segurado.

Aposentadoria por Invalidez

O benefício, previsto no art. 201, I, da CF, é disciplinado pelos arts. 42 a 47 da Lei 8.213/91 e regulamentado nos arts. 43 a 50 do RGPS. De acordo com a lei, é:

> "devido ao segurado que, uma vez cumprida a carência quando exigida, estando ou não no gozo de auxílio-doença, for considerado incapaz e insusceptível de reabilitação para o exercício de atividade que lhe garanta a subsistência e lhe será pago enquanto permanecer nessa condição."

Verifica-se como requisitos exigíveis para que se dê sua concessão a condição de segurado; o cumprimento da carência, quando for o caso; e a incapacidade e insusceptibilidade de reabilitação para o exercício de atividade que lhe possibilite a subsistência.

Ao benefício fará jus qualquer pessoa que possua a qualidade de segurada do RGPS, atingindo, assim, qualquer espécie de segurado. Não será concedido, porém, a segurado que vier a adquirir tal qualidade quando já portador da doença ou lesão invocada para a concessão do benefício, salvo se comprovar que a incapacidade sobreveio em razão da progressão ou agravamento da doença ou lesão.

A carência, que representa o número mínimo de contribuições, é de 12 meses, não sendo exigida nos casos de acidente de qualquer natureza ou quando se tratar de doença do trabalho. De igual modo, independe de carência, o benefício será concedido ao segurado que, após filiado ao sistema, for acometido das doenças e afecções especificadas na lista elaborada pelos Ministérios da Saúde e do Trabalho e Previdência Social, a exemplo da tuberculose ativa, hanseníase, cegueira etc.

No tocante à incapacidade, que mesmo para fins de concessão do benefício relativo à aposentadoria por invalidez é pressupostamente de caráter transitório, dependerá da verificação mediante exame médico-pericial a cargo da Previdência Social. Nesse caso, o segurado poderá fazer-se acompanhar de médico de sua confiança, desde que o faça às suas próprias expensas.

O benefício será devido ao segurado quando a perícia médica concluir que existe incapacidade total e definitiva. Considerando-se a data da realização da perícia, o valor será devido a partir do 16º dia do afastamento da atividade, quando se tratar de segurado empregado, ou da data do início da incapacidade para os demais segurados. Em qualquer caso, se entre essas datas houver transcorrido mais de 30 dias, o benefício será devido a partir da data do requerimento.

A renda mensal do benefício corresponderá a 100% do valor calculado a título de salário-de-benefício, não havendo incidência do fator previdenciário. Caso se trate de segurado que já esteja no gozo do auxílio-doença, o valor da aposentadoria por invalidez será o mesmo pago a esse título.

Tratando-se da "grande invalidez", assim entendida aquela situação em que o segurado, em razão de seu estado de saúde, dependa da assistência permanente de outra pessoa, poderá ser acrescido ao valor da aposentadoria um percentual de 25%. Dessa forma, dependendo do caso, o valor do benefício poderá superar ao teto legal. Referido percentual, entretanto, não agrega a pensão por morte em caso de falecimento do segurado.

A assistência permanente de terceira pessoa, para o fim do adicional de 25%, contudo, é considerada apenas nas situações previstas em rol taxativo pelo RGPS e que são as seguintes:

1. cegueira total;
2. perda de nove dedos das mãos ou superior a esta;
3. paralisia dos dois membros superiores ou inferiores;
4. perda dos membros inferiores, acima dos pés, quando a prótese for impossível;
5. perda de uma das mãos e de dois pés, ainda que a prótese seja possível;
6. perda de um membro superior e outro inferior, quando a prótese for impossível;
7. alteração das faculdades mentais, com grave perturbação da vida orgânica e social;
8. doença que exija permanência contínua no leito;
9. incapacidade permanente para as atividades da vida diária.

Cessará o pagamento do benefício quando o segurado retornar voluntariamente à atividade, caso em que o cancelamento se dará de forma automática, ou se for verificada, mediante perícia, a recuperação da capacidade para o trabalho. Nesse último caso, será observado o seguinte procedimento:

I – quando a recuperação for total e ocorrer dentro de cinco anos contados do início do auxílio-doença ou aposentadoria por invalidez, o pagamento cessará de imediato para o segurado que tiver direito a retornar à função que possuía na empresa quando se aposentou ou, após tantos meses quantos forem os anos de duração dos benefícios para os demais segurados;

II – quando a recuperação for parcial ou ocorrer após cinco anos contados do início do auxílio-doença ou aposentadoria por invalidez ou, ainda, quando o segurado for considerado apto para atividade diversa da que exercia, o pagamento será promovido no valor integral nos seis meses que se seguirem; com redução de 50% nos próximos seis meses e, finalmente, com redução de 75% do valor pelos próximos seis meses, ao término dos quais cessará definitivamente.

De qualquer modo, durante o prazo em que o segurado estiver no gozo do benefício em comento, estará obrigado a submeter-se a exame médico a cargo da previdência social, bem como ao processo de reabilitação profissional, por ela prescrito e custeado, ressalvadas as intervenções cirúrgicas e transfusões de sangue que são facultativas. O não cumprimento de tais obrigações por parte do segurado implica a suspensão do benefício.

Pensão por Morte

O benefício por morte, previsto no art. 201, I, da CF, está disciplinado nos arts. 74 a 79 da Lei 8.213/91 e regulamentado nos arts. 105 a 115 do RGPS, sendo definido como:

> "devido ao conjunto dos dependentes do segurado que falecer na condição de aposentado ou não."

Observa-se, de início, tratar-se de benefício cuja titularidade pertence aos dependentes em razão do falecimento do segurado. Para que ocorra sua concessão, é exigida a existência de dependentes e que o segurado haja falecido nessa condição.

Saliente-se, nesse sentido, que os dependentes do segurado são as pessoas cuja classificação se encontra no art. 16 da Lei 8.213/91 e que guardam, em relação ao segurado, dependência de natureza econômica, sendo essa presumida na primeira classe e de comprovação necessária no que toca às segunda e terceira classes.

São dependentes pertencentes à primeira classe o cônjuge, a companheira(o) e o filho não emancipado, de qualquer condição, menor de 21 anos ou inválido. Vale lembrar que o enteado e o menor tutelado são equiparados a filho mediante declaração do segurado, desde que comprovada a dependência econômica.

Para fins do que dispõe a lei, considera-se companheiro(a) a pessoa que, não sendo casada, mantém união estável com o segurado.

Pertencem à segunda classe os pais e à terceira, os irmãos não emancipados, menores de 21 anos ou inválidos.

O pagamento do benefício será feito mediante rateio do valor em partes iguais dentre os dependentes da mesma classe.

Desse modo, sempre que cessar para um deles a qualidade de dependente, sua cota previdenciária reverterá em favor dos demais, caso em que se verificará novo rateio, do qual deverá resultar novamente a igualdade das partes.

Cessará a condição de dependente do filho ou equiparado pela verificação de qualquer das causas de emancipação previstas no Código Civil, pela idade de 21 anos ou, caso inválido, pela cessação da invalidez. Quanto à idade, muito embora o Código Civil tenha reduzido a idade para o atingimento da maioridade para 18 anos, em matéria previdenciária prevalece a de 21 anos, haja vista a preponderância da norma específica sobre a geral. No que respeita à invalidez, seja de filho ou irmão, relembre-se que o dependente nessa condição fica sujeito à perícia periódica, a cargo da previdência social, com o objetivo de acompanhar a incapacidade do dependente.

Nos demais casos, a morte do pensionista também faz cessar o direito ao benefício, de forma que, com a extinção da parte relativa ao último pensionista, se verificará a extinção do benefício.

Vale lembrar que o cônjuge separado, de fato ou judicialmente, ou divorciado, não faz jus ao benefício na medida em que a separação, ou o divórcio, faz presumir a inexistência da dependência econômica. O mesmo se verifica em relação ao companheiro(a) quando do término da união estável.

Convém salientar, dentro dessa mesma abordagem, que se o cônjuge divorciado ou separado recebia pensão de alimentos cíveis, tal fato não obstará que venha a concorrer, em igualdade de condições, com o companheiro(a) do segurado e demais dependentes da primeira classe.

Certo é, por outro lado, que caso o cônjuge pensionista venha a se casar novamente, não perderá o benefício, que somente cessará com sua própria morte. Caso, porém, venha a enviuvar novamente, não poderá cumular outro benefício relativo à pensão por morte, de forma que, entre dois benefícios, lhe será pago aquele que financeiramente for mais vantajoso.

Quanto ao segurado, deverá, na época de seu falecimento, possuir a condição de segurado do sistema, sendo considerado, para tanto, inclusive o período de graça.

O valor pago a título do benefício deverá corresponder a 100% da renda mensal que o segurado recebia como aposentado. Caso não fosse ainda aposentado na data do óbito, o valor do benefício será calculado como se fosse aposentado por invalidez.

A pensão por morte será devida a partir da data da morte do segurado, quando requerida por seus dependentes no prazo de 30 dias a contar daquela data. Ultrapassado este prazo, será devida a contar da data em que for efetivado o requerimento objetivando a concessão. Tratando-se de morte presumida, o benefício será devido a contar da data da decisão que a declarar.

No tocante à declaração de morte presumida, não se aplicam as disposições do Código Civil, em razão do caráter alimentar do benefício e que é determinado pela dependência de natureza econômica daqueles que dele necessitam e que, assim, sucumbiriam se tivessem de ser cumpridos os prazos cíveis.

Desse modo, a morte presumida para fins previdenciários será declarada pelo juízo competente, depois de seis meses de ausência do segurado, sendo determinada a pensão provisória. Referida declaração não será exigida mediante prova do desaparecimento do segurado em conseqüência de acidente, desastre ou catástrofe.

Ainda, com relação à situação de morte presumida, o reaparecimento do segurado, embora por óbvio faça cessar o pagamento do benefício, não obrigará os dependentes à restituição das quantias recebidas, salvo comprovada a má-fé, cuja prova incumbe à Previdência Social.

No que respeita à habilitação dos dependentes, objetivando o recebimento do benefício, a lei não exige que se dê de forma simultânea, dado o caráter alimentar da pensão por morte. Por tal motivo, a concessão do benefício não poderá ser protelada pela não habilitação de algum dos dependentes, de tal sorte que é admitida a habilitação retardatária de qualquer deles. Entrementes, habilitando-se algum, ou alguns dependentes, quando os demais já hajam recebido suas cotas previdenciárias, somente poderá participar dos rateios que venham a ocorrer posteriormente à sua habilitação. Não terá direito, portanto, de requerer a parte que lhe cabia nos rateios anteriores, visto que, tendo o benefício caráter exclusivamente alimentar, não pode exigir dos outros aquilo que, a título de alimentos, foi por eles consumido.

Pensões Diferenciadas

As pensões diferenciadas não são benefícios previstos pela Lei 8.213/91, posto que não se destinam aos segurados em geral. Ao contrário, são benefícios criados por leis específicas que buscam resguardar determinados grupos, também específicos, de pessoas. São eles os portadores de deficiência física, como as vítimas da Talidomida, as vítimas de Caruaru e os seringueiros. As leis que determinam tais benefícios são, respectivamente, as Leis 7.070/82, 9.422/96 e 7.986/89.

Síndrome da Talidomida

A Lei 7.070, de 20 de dezembro de 1982, dispõe sobre a pensão especial aos portadores da deficiência física conhecida como "Síndrome da Talidomida" e que provoca a chamada focomielia que, por sua vez, se constitui na anomalia genética que impede a formação normal de braços e pernas.

Segundo dados obtidos da Wikipédia – a enciclopédia livre:

> A talidomida apareceu pela primeira vez na Alemanha, em 1º de outubro de 1957. Foi comercializada como um sedativo com aparentes notáveis poucos efeitos colaterais. A indústria farmacêutica que a desenvolveu acreditou que o medicamento era tão seguro que era propício para prescrever a mulheres grávidas, para combater enjôos matinais.
>
> Foi rapidamente prescrito a milhares de mulheres e espalhado para todos os cantos do mundo (146 países).
>
> Os procedimentos de testes de drogas naquela época eram muito menos rígidos e, por isso, os testes feitos na talidomida não revelaram seus efeitos teratogênicos. Os testes em roedores, que metabolizavam a droga de forma diferente de humanos, não acusaram problemas. Mais tarde, foram feitos os mesmos testes em coelhos e primatas, que produziram os mesmos efeitos horríveis que a droga causa em fetos humanos.
>
> No final dos anos 1950, crianças passaram a nascer com focomielia, mas não foi imediatamente óbvio o motivo para tal doença. Os bebês nascidos desta tragédia são chamados de *bebês da talidomida*.
>
> Por um longo tempo, a talidomida foi associada a um dos mais horríveis acidentes médicos da história. Por outro lado, estão em estudo novos tratamentos com a talidomida para doenças como o câncer e, já há algum tempo, para a hanseníase.

Dispõe a mencionada lei, nesse sentido, que a pensão será devida a esse título a partir da data do pedido junto ao INSS e dependerá, para fins de concessão, unicamente da apresentação de atestado médico que comprove as condições exigidas, expedido por junta médica oficial constituída para essa finalidade pelo INSS, sem qualquer ônus para o interessado.

O valor da pensão especial será calculado em função dos pontos indicadores da natureza e do grau de dependência resultante da deformidade física, na razão, cada um deles, de metade do salário mínimo. Os indicadores relativos à natureza e ao grau de dependência compreenderão a incapacidade para o trabalho, ambulação, higiene e alimentação, sendo atribuída a cada uma delas um ou dois pontos conforme sejam parciais ou totais, respectivamente.

De acordo com a lei, o benefício tem natureza indenizatória, não prejudicando eventuais benefícios de natureza previdenciária, não podendo, inclusive, vir a ser reduzido em caso de eventual aquisição de atividade laborativa ou redução de incapacidade para o trabalho.

Caso o beneficiário, se homem, tenha 25 anos de contribuição ou, se mulher, 20 anos, fará jus a um adicional de 35% sobre o valor pago a título de benefício. Têm o mesmo direito o homem que contar com 55 anos de idade ou a mulher com 50 anos, desde que tenham contribuído durante, pelo menos, 15 anos para o sistema.

Vítimas de Caruaru

A Lei 9.422, de 24 de dezembro de 1996, dispondo sobre as vítimas de Caruaru, autorizou o Poder Executivo a conceder pensão especial e mensal ao companheiro(a), descendente, ascendente ou colaterais até o segundo grau das vítimas fatais da hepatite tóxica por contaminação em processo de hemodiálise no Instituto de Doenças Renais, com sede na Cidade de Caruaru.

De acordo com o artigo médico da Dra. Sandra Neiva Coelho, médica nefrologista, professora titular de Nefrologia do Departamento de Medicina Clínica da Universidade Federal de Pernambuco, intitulado "A Água de Caruaru", tem-se o seguinte relato:

> O acidente ocorrido no Instituto de Doenças Renais (IDR) em Caruaru, PE, durante o mês de fevereiro de 1996, transformou a história e a prática clínica da hemodiálise. A contaminação da água utilizada para hemodiálise com micro-

cistina, uma toxina de cianobactéria, causando a morte de 65 pacientes, trouxe várias lições à comunidade médica e à sociedade civil.

O IDR funcionava há dez anos mantendo cerca de 130 pacientes sob tratamento dialítico. A cidade de Caruaru, com 217.430 habitantes e situada a 135 Km de Recife, apresenta um clima semi-árido, com temperatura variando entre 20 a 38 ºC ao longo do ano. A água é escassa e com fornecimento irregular na cidade. Estas condições provocaram a utilização de água transportada por caminhão pipa e sem tratamento adequado. Dessa forma, a água que abasteceu o reservatório da clínica estava contaminada com toxina de ciano-bactéria.

A maioria dos pacientes apresentou toxemia. Posteriormente, cerca de 50% desses evoluíram com coagulopatia, acometimento do sistema nervoso central e insuficiência hepática seguida por óbito.

O quadro clínico não era característico de nenhum contaminante conhecido anteriormente em unidades de hemodiálise. As hipóteses investigadas, embora sem confirmação, foram as seguintes: leptospirose, intoxicação por cloro, metais pesados, contaminação por agrotóxicos, resíduos de ácido cresólico e fenólico, infecção por bactérias ou vírus.

O benefício especial, portanto, tem por destinatários os dependentes das vítimas fatais daquele evento.

O valor do benefício corresponde a um salário mínimo, que deverá ser rateado em partes iguais, caso exista mais de um dependente habilitado.

Por se tratar de benefício de caráter personalíssimo, será extinto com a morte do último beneficiário.

Seringueiros

De acordo com o art. 54 do Ato das Disposições Constitucionais Transitórias, os segurados recrutados nos termos do Decreto-lei 5.813/43, receberão, quando carentes, pensão mensal vitalícia no valor de dois salários mínimos.

Referido Decreto-lei aprovou, em 1943, acordo sobre recrutamento, encaminhamento e colocação de trabalhadores na Amazônia, celebrado pelo Coordenador da Mobilização Econômica e pelo

Presidente da Comissão de Controle dos Acordos de Washington com a Rubber Devenlopment Corporation, em 6 de setembro de 1943.

O Decreto-lei 5.813/43 viabilizou, assim, entre os Estados Unidos e o Brasil, um acordo de cooperação com o objetivo de combater as forças do eixo durante a Segunda Guerra Mundial. Determinava que aqueles que fossem recrutados poderiam optar em ser enviados para a Frente Italiana de batalha ou para a Região Amazônica, a fim de explorar o látex.

Naqueles termos, evidentemente, a maioria dos recrutados fez a segunda opção. De acordo com o ajuste, o governo americano comprometia-se a compensar financeiramente aqueles que fossem recrutados no denominado "Esforço de Guerra".

Optando pelo envio à Região Amazônica, os seringueiros, por vezes juntamente com suas famílias, recebiam em arrendamento um lote de terra do qual constava uma casa rústica de madeira, devendo, em contraprestação, colher o látex e defumá-lo, formando as bolas de borracha a serem entregues ao seringalista, dono do seringal, e cujo valor era trocado por gêneros alimentícios, a exemplo da farinha, sal, feijão etc. Por outro lado, era proibido ao seringueiro qualquer meio de cultura nos seringais.

Estabelecia-se, dessa forma, um contrato de trabalho rural entre o seringueiro e o seringalista, cuja remuneração era feita por meio de gêneros alimentícios e cuja fixação do preço cabia, exclusivamente, ao segundo. Assim, diante dos preços ajustados abusiva e unilateralmente pelo seringalista, o seringueiro tornava-se a cada dia mais endividado.

Sabendo do acordo de compensação financeira pactuado com os Estados Unidos, os seringueiros passaram a aguardar que tais valores, efetivamente, viessem a compensar a condição injusta na qual se encontravam. Infelizmente, embora a compensação viesse em 1945, seu destino não foi o dos seringais. Por tal motivo, o art. 54 do ADCT, reconhecendo a injustiça, concedeu aos seringueiros o benefício previdenciário, dispondo no § 1º que:

O benefício é estendido aos seringueiros que, atendendo a apelo do Governo brasileiro, contribuíram na produção de borracha, na Região Amazônica, durante a Segunda Guerra Mundial.

De igual modo, o § 2º estabeleceu a transmissibilidade do benefício aos dependentes dos recrutados no "Esforço de Guerra", desde que reconhecidos como carentes.

Capítulo 3

Outros Benefícios Previdenciários

Superado o estudo referente aos benefícios previdenciários oriundos da Infortunística, passemos à análise dos demais benefícios que são concedidos aos segurados e dependentes em razão de causas outras.

Aposentadorias

A aposentadoria, como regra geral, representa o benefício previdenciário cujo objetivo é, ou pelo menos deveria ser, o de contemplar as pessoas que durante a maior parte de suas vidas desenvolveram atividades, ou atingiram determinada idade, merecendo, pois, o justo descanso. Visam a atingir esse objetivo as aposentadorias por tempo de contribuição e por idade.

A par deste objetivo, o Regime Geral da Previdência Social determina duas outras modalidades de aposentadoria que, embora tendo objetivo semelhante, têm causas diversas. Trata-se das aposentadorias especial e por invalidez. A primeira contempla os segurados que, durante certo lapso temporal, estiveram expostos a atividades consideradas insalubres ou perigosas, a segunda, conforme estudado em capítulo anterior, destina-se aos segurados que se encontrem incapacitados para o exercício de atividades que lhes possibilitem a subsistência, enquanto perdurar tal condição.

Diferentemente das demais modalidades, que são concedidas em caráter permanente, a aposentadoria por invalidez, ainda que por presunção, possui natureza transitória, porque assim pressupõe a incapacidade que autoriza sua concessão.

Em síntese, o ordenamento atual contempla quatro espécies de aposentadoria, a saber: por tempo de contribuição; por idade; por invalidez e especial.

Anteriormente ao advento da Emenda Constitucional 20, de 16.12.98, o ordenamento previa a espécie de aposentadoria por tempo de serviço. Por força da referida emenda, entretanto, a modalidade não mais existe, muito embora tenha sido reconhecido o direito adquirido e a expectativa de direito daqueles que, na data da Emenda, já se encontrassem filiados ao sistema. Sobre a aposentadoria por tempo de serviço trataremos adiante.

Cálculo do Benefício

O salário-de-benefício (SB) consiste na média aritmética simples dos maiores salários-de-contribuição, correspondente a 80% de todo o período contributivo, multiplicada, conforme o tipo de aposentadoria, pelo fator previdenciário (f).

Antes de prosseguirmos, porém, convém relembrar alguns conceitos básicos acerca dos elementos do cálculo. Assim temos:

- ▶ Salário-de-contribuição (SC): consiste na base de cálculo sobre a qual será aplicada a alíquota para que se determine o valor com o qual o segurado deverá contribuir, mês a mês, para o sistema;
- ▶ Salário-de-benefício (SB): consiste na fórmula cuja aplicação objetiva a determinação da renda mensal do benefício (RB);
- ▶ Renda mensal do benefício (RB): consiste no valor que o segurado, efetivamente, irá receber a título do benefício, sendo calculado a partir de um porcentual, que irá variar, incidente sobre o salário-de-benefício;
- ▶ Fator previdenciário: consiste na fórmula matemática na qual são consideradas as variáveis relativas ao tempo de contribuição; idade do segurado ao se aposentar; expectativa de sobrevida e aplicação da alíquota específica de 31%. De acordo com o benefício de que se tratar, haverá, ou não, aplicação do fator no cálculo.

$$f = Tc \times a/ Es \times 1 + (Id + Tc \times a)/100$$

onde: f = fator previdenciário; a = alíquota; Es = expectativa de sobrevida; Id = idade.

Aposentadoria por Tempo de Contribuição

O benefício encontra seu fundamentado no art. 201, § 7º, I, da CF, que dispõe:

> "É assegurada aposentadoria no regime geral de previdência social, nos termos da lei, obedecidas as seguintes condições:
>
> I – trinta e cinco anos de contribuição, se homem, e trinta anos de contribuição, se mulher;
>
> ...."

De acordo com a previsão constitucional, exige-se para concessão do benefício o efetivo período de contribuição para o sistema de 35 anos, quando o segurado for homem, e 30 anos, quando mulher. Verifica-se, pois, que diferentemente da legislação anterior à EC 20/98, não há exigência do requisito idade para a obtenção do benefício, contentando-se o Constituinte com o efetivo período de contribuição.

Por outro lado, vale lembrar que a Constituição atual não permite o ingresso na atividade laborativa antes de completados 16 anos de idade.

A renda mensal do benefício consistirá no valor de 100% do salário-de-benefício multiplicado pelo fator previdenciário.

Nesse mister, é de observar-se que, embora a idade não seja requisito para o requerimento do benefício, acaba por afetar o valor da renda mensal a ser pago ao segurado. Com efeito, incidindo o fator previdenciário sobre o salário-de-benefício, e sendo a idade uma de suas variáveis, por simples dedução matemática pode-se perfeitamente concluir que quanto menor for a idade do segurado ao se aposentar, menor será o valor da renda mensal a ser recebida mensalmente.

Exceção Constitucional

No que toca à aposentadoria por tempo de contribuição, a Constituição admite uma única exceção com redução do referido tempo e aplica-se, de acordo com o § 8º do art. 201, aos professores que comprovem, exclusivamente, tempo de efetivo exercício das funções do magistério na educação infantil e no ensino fundamental e médio.

Podem, dessa forma, requer o benefício o professor aos 30 anos e a professora aos 25 anos de contribuição, desde que atendidas as condições exigidas pelo dispositivo constitucional. Aos professores do ensino superior não cabe o mesmo direito.

Vale lembrar que o art. 67 da Lei 9.394/96, por alteração trazida pela Lei 11.301, de 10 de maio de 2006, passou a vigorar acrescido do § 2º, que por sua vez discrimina as *funções do magistério*. Nesse sentido:

> "§ 2º Para os efeitos do disposto no § 5º do art. 40 e no § 8º do art. 201 da Constituição Federal, são consideradas funções de magistério as exercidas por professores e especialistas em educação no desempenho de atividades educativas, quando exercidas em estabelecimento de educação básica em seus diversos níveis e modalidades, incluídas, além do exercício da docência, as de direção de unidade escolar e as de coordenação e assessoramento pedagógico."

Com efeito, a partir de maio de 2006 as funções relativas ao magistério não mais se restringem ao exercido apenas em sala de aula, abrangendo, assim, também as funções relativas à direção, coordenação e assessoramento pedagógico.

Aposentadoria por Tempo de Serviço

A legislação previdenciária, anterior à EC 20/98, contemplava a denominada aposentadoria por tempo de serviço que, a seu turno, admitia a possibilidade de o segurado se aposentar recebendo o valor integral ou proporcional do benefício, conforme a opção por ele exercida.

Estabelecia como requisitos para a concessão da aposentadoria integral 35 anos de tempo de serviço e 53 anos de idade para os homens e 30 anos de tempo de serviço e 48 anos de idade para as mulheres. Exigia-se, desse modo, além do efetivo tempo de serviço, também a idade mínima para concessão do benefício, cuja renda mensal corresponderia a 100% do salário-de-benefício.

Na modalidade proporcional, o tempo de serviço era reduzido em cinco anos para ambos os sexos, mantida a idade mínima conforme se tratasse de homem ou de mulher. Dessa forma, os homens poderiam requerê-la aos 30 anos de tempo de serviço e 53 de idade e as mulheres, aos 25 anos de tempo de serviço e 48 de idade. Em qualquer caso, em razão da proporcionalidade, o valor da aposentadoria seria de 70% sobre o salário-de-benefício.

Com o advento da EC 20/98, modalidade do benefício não foi recepcionada, sendo substituída pela aposentadoria por tempo de contribuição. Desta forma, pode-se afirmar que aquela modalidade não mais existe no sistema atual.

Essa situação, porém, ainda, na prática gera certa confusão, haja vista que grande parte das pessoas já vinha contribuindo para o sistema quando da publicação da Emenda. Assim sendo, muitos ainda confundem as modalidades tempo de serviço e tempo de contribuição. A confusão se justifica em parte.

O que ocorre na realidade é que quando do advento da EC 20/98, o legislador constituinte, por liberalidade, reconheceu tanto a expectativa de direito quanto o direito adquirido daqueles que já se encontravam filiados ao sistema. Afirma-se a liberalidade, nesse sentido, na medida em que, em face da Constituição Federal, não se pode alegar direito adquirido e, muito menos, expectativa de direito.

O legislador, como visto, por motivos de política legislativa achou por bem reconhecer, no texto da própria Emenda, tanto a expectativa de direito quanto o direito adquirido.

O reconhecimento do direito adquirido está patente no art. 3º da EC 20/98, ao estabelecer que:

> "É assegurada a concessão de aposentadoria e pensão, a qualquer tempo, aos segurados públicos e aos segurados do regime geral de previdência social, bem como aos seus dependentes, que, até a data da publicação desta Emenda, tenham cumprido os requisitos para a obtenção destes benefícios, com base nos critérios da legislação então vigente.
>
> ...."

De igual modo, o art. 9º da Emenda assegura a expectativa de direito nos termos seguintes:

> "Observado o disposto no art. 4º desta Emenda e ressalvado o direito de opção a aposentadoria pelas normas por ela estabelecidas para o regime geral de previdência social, é assegurado o direito à aposentadoria ao segurado que se tenha filiado ao regime geral de previdência social, até a data de publicação desta Emenda ..."

Com efeito, reconheceu-se os segurados que, na data da publicação da emenda, já houvessem reunido todas as condições exigidas, o direito adquirido de modo que pudessem requerer o benefício relativo à aposentadoria por tempo de serviço, de forma integral ou proporcional, nos moldes da legislação anterior.

Aos segurados que ainda estivessem a reunir as condições, reconheceu-se, diante da expectativa de direito, a possibilidade de se aposentarem de acordo com a legislação anterior quando viessem a completar as condições exigidas.

Com relação aos segurados que, estando filiados ao regime na data da publicação da Emenda, ainda não tivessem reunido todas as condições para o exercício do direito relativo à aposentadoria, foi criada uma tabela de transição em que, além do tempo de serviço, que continuou sendo de 35 anos para homens e 30 anos para mulheres, é exigida também a idade respectiva de 53 e 48 anos, bem como passou a ser exigido um adicional de contribuição sobre o tempo que restaria, na data da Emenda, para que pudessem se aposentar. Referido adicional de contribuições ficou conhecido como *pedágio constitucional*.

Criou-se, para esses casos, um sistema híbrido no qual se exige tanto requisitos da legislação anterior à Emenda quanto os que ela própria instituiu.

Desse modo, em decorrência da Emenda 20/98, ficou instituído um porcentual adicional de contribuição para que os segurados possam requerer o benefício, uma vez atendidos os demais requisitos, e que corresponde a 20% para a modalidade integral e 40% para a proporcional.

Como visto, trata-se de mera adequação de um sistema para outro e cujo término se dará em 2011. Para os segurados que se filiaram ao sistema após a publicação da EC 20/98, as aposentadorias, conforme o caso, somente se verificarão nas espécies tempo de contribuição, idade, invalidez ou especial.

Aos segurados que tenham adquirido tal condição posteriormente à EC 20/98 será exigido, portanto, apenas o efetivo tempo de contribuição, visto que idade não mais representa requisito para a concessão do benefício.

Aposentadoria por Idade

Nos moldes estabelecidos pela Constituição Federal, em seu art. 201, § 7º, II, os arts. 48 a 51 da Lei 8.213/91, regulamentam a concessão do benefício relativo à aposentadoria por idade. Nesse sentido:

> "É assegurada aposentadoria no regime geral de previdência social, nos termos da lei, obedecidas as seguintes condições:
>
> I – ....
>
> II – sessenta e cinco anos de idade, se homem, e sessenta anos de idade, se mulher, reduzido em cinco anos o limite para os trabalhadores rurais de ambos os sexos e para os que exerçam suas atividades em regime de economia familiar, nestes incluídos o produtor rural, o garimpeiro e o pescador artesanal."

O benefício, portanto, é de ser concedido aos homens aos 65 e às mulheres aos 60 anos de idade.

Além da idade mínima para requerer o benefício, o segurado também deverá cumprir o respectivo período de carência que, nos termos do art. 25, II, da Lei 8.213/91, corresponde a 180 contribuições mensais.

A Constituição Federal admite exceção, com redução na idade, aplicável aos trabalhadores rurais, de ambos os sexos, e aos segurados que exerçam suas atividades em regime de economia familiar, incluídos o produtor rural, o garimpeiro e o pescador artesanal, ou seja, os segurados especiais. Desse modo, poderão requerer o benefício os homens aos 60 e as mulheres aos 55 anos de idade.

No que se refere à exceção, o trabalhador rural deverá comprovar, para fins de concessão do benefício, o efetivo exercício na atividade rural, ainda que esse se tenha dado de forma descontínua, no período imediatamente anterior ao requerimento do benefício, por tempo igual ao número de meses correspondente ao período de carência.

A renda mensal do benefício corresponderá a 70% do salário-de-benefício, calculado da mesma forma que o relativo à aposentadoria por tempo de contribuição, mais 1% a cada 12 contribuições, até o limite de 100%.

Tratando-se de segurado empregado, o valor do benefício é devido a partir da data do desligamento do emprego, requerida até essa data ou dentro de 90 dias, ou, ainda, a partir da data do requerimento quando ultrapassado tal prazo. Para os demais segurados, será devido a partir da data do requerimento.

Aposentadoria Compulsória

Pertence à modalidade aposentadoria por idade, que se verifica quando a própria empresa, em que trabalhe o segurado, a requer quando o segurado, cumprida a carência, complete 70 anos de idade, se homem, ou 65 anos, se mulher. Nesse caso, em particular, é garantida ao empregado a indenização prevista na legislação trabalhista, sendo considerada como data da rescisão do correspondente contrato de trabalho a do dia anterior ao do início do benefício.

Aposentadoria Especial

Dispõe a Constituição Federal em seu art. 201, § 1º, que:

> É vedada a adoção de requisitos e critérios diferenciados para a concessão de aposentadoria aos beneficiários do regime geral de previdência social, ressalva-

dos os casos de atividades exercidas sob condições especiais que prejudiquem a saúde ou a integridade física e quando se tratar de segurados portadores de deficiência, nos termos definidos em lei complementar.

Nota-se que, excepcionando a regra geral das aposentadorias relativas ao tempo de contribuição e à idade, a Constituição Federal também contempla outra espécie de aposentadoria: a *aposentadoria especial*.

Destina-se o benefício aos segurados que exerçam suas atividades em ambientes tidos como insalubres ou perigosos e, também, aos segurados considerados portadores de deficiências, nos termos estabelecidos em lei.

Nesse sentido, a especial não deve ser confundida com a aposentadoria por invalidez, visto que a incapacidade exigida para a concessão da aposentadoria por invalidez não se exige para a especial, em que basta a exposição do segurado aos agentes exógenos considerados prejudiciais à saúde pelo tempo e condições estabelecidas em lei.

De fato, tratando-se de atividades consideradas insalubres ou perigosas, a lei contenta-se com a exposição do segurado aos agentes exógenos, nada exigindo quanto à incapacidade eventualmente decorrente de tal exposição.

Disciplinam a matéria relativa à aposentadoria especial os arts. 57 e 58 da Lei 8.213/91, regulamentados pelo Decreto 3.048/99, nos arts. 64 a 70.

A aposentadoria especial será devida, desde que cumprida a carência mínima que é de 180 contribuições mensais, ao segurado que tiver trabalhado sujeito a condições especiais que prejudiquem a saúde ou a integridade física, durante 15, 20 ou 25 anos de exposição, respectivamente, ao grau alto, médio ou leve ao risco.

De acordo com o que estabelece a legislação previdenciária, o segurado que tiver exercido, sucessivamente, duas ou mais atividades em condições prejudiciais à saúde ou à integridade física, sem completar o prazo mínimo para a aposentadoria especial, poderá somar os referidos períodos seguindo a seguinte tabela de conversão:

Tempo a converter	Multiplicadores		
	Para 15	Para 20	Para 25
de 15 anos	–	1,33	1,67
de 20 anos	0,75	–	1,25
de 25 anos	0,60	0,80	–

A conversão de tempo de atividade sob condições especiais em tempo de atividade comum dar-se-á de acordo com a seguinte tabela:

Tempo a Converter	Multiplicadores	
	Mulher (para 30)	Homem (para 35)
de 15 anos	2,00	2,33
de 20 anos	1,50	1,75
de 25 anos	1,20	1,40

Tem por destinatários o segurado empregado, o trabalhador avulso e o contribuinte individual. No caso deste último, a aposentadoria especial somente será devida quando o trabalhador for filiado à cooperativa de trabalho, ou produção, tendo estado sujeito às condições especiais e pelo prazo estabelecido em lei.

O segurado, para fins de requerer o benefício, deverá comprovar perante o INSS o tempo de trabalho permanente, não ocasional nem intermitente, exercido sob condições especiais. De igual modo, deverá comprovar a efetiva exposição aos agentes exógenos ou a associação de agentes prejudiciais que pudessem lhe colocar em risco a saúde ou a integridade física, pelo período exigido para a concessão do benefício.

Neste sentido, a lei considera como permanente o trabalho que é exercido de forma não ocasional, o que pressupõe habitualidade, nem intermitente, no qual o segurado tenha ficado exposto ao agente nocivo que, por sua vez, seja indissociável da produção do bem ou da prestação do serviço. Para o mesmo fim, são considerados os períodos de descanso determinados pela legislação trabalhista, inclusive, férias, afastamentos decorrentes de auxílio-doença e aposentadoria por invalidez acidentária, salário-maternidade, desde que, quando tenha ocorrido o afastamento, o segurado estivesse sujeito às condições consideradas especiais.

O valor devido a título da renda mensal do benefício corresponderá a 100% do salário-de-benefício, calculado da mesma forma que os relativos às aposentadorias por tempo de contribuição e por idade, sem a aplicação do fator previdenciário.

Os agentes considerados nocivos, ou a associação de agentes, que possam prejudicar a saúde ou a integridade física do segurado, são os fixados pela legislação. Assim sendo, ainda que o segurado tenha ficado exposto, em razão da atividade exercida, a outros agentes nocivos que não constem da referida previsão legislativa, não terá como alcançar o benefício por via administrativa, devendo socorrer-se, em tais casos, da via judicial.

De igual modo, as atividades consideradas penosas pela legislação trabalhista não são alcançadas pela legislação previdenciária para fins de concessão da aposentadoria especial.

A classificação dos agentes nocivos encontra-se no anexo IV do RGPS. Nesse sentido, dispõe o mencionado anexo que, em se tratando de agentes químicos, o que determina o direito ao benefício é a exposição do trabalhador ao agente presente no local de trabalho e processo produtivo, em nível de concentração superior aos limites de tolerância estabelecidos, sendo o rol dos agentes nocivos exaustivo e exemplificativas as atividades nas quais pode ocorrer a exposição. No tocante aos agentes físicos, nos termos do anexo, consistem na exposição a ruído; vibrações; radiações ionizantes; temperaturas anormais e pressão atmosférica anormal; de igual modo, o direito ao benefício estará condicionado à exposição do segurado a limites superiores aos de tolerância. Por fim, quanto aos agentes biológicos, só terá direito ao benefício o segurado que ficar exposto aos agentes citados taxativamente no mesmo anexo.

Esclareça-se que as atividades consideradas insalubres são as mencionadas na NR 15 e as perigosas na NR 16, ambas da legislação trabalhista. As atividades penosas, a exemplo da exercida pelos operadores de telemarketing e pelos motoristas, embora consideradas pela legislação do trabalho como atividades que além do desgaste físico causam também o psicológico, não encontram guarida na legislação previdenciária.

Entretanto, nesse sentido, a Súmula 198 do TRF determina que

> Atendidos os demais requisitos, é devida a aposentadoria especial, se a perícia judicial constata que a atividade exercida pelo segurado é perigosa, insalubre ou penosa, mesmo não inscrita no Regulamento.

A efetiva exposição do segurado aos agentes considerados nocivos deverá ser comprovada por meio da apresentação de um formulário denominado Perfil Profissiográfico Previdenciário (PPP), a ser emitido pela empresa, ou seu preposto, com base em laudo técnico que ateste as condições ambientais do trabalho e que deve ser expedido por médico do trabalho ou engenheiro de segurança do trabalho. A empresa que descumprir a obrigação relativa à manutenção de laudo técnico atualizado fica sujeita à multa.

Referido laudo deve mencionar, ainda, a informação acerca da existência de tecnologia de proteção coletiva, de medidas administrativas ou de organização do trabalho, ou mesmo de proteção individual, que elimine, minimize ou controle a exposição aos agentes nocivos, de acordo com o estabelecido na legislação trabalhista. Assim sendo, se o Equipamento de Proteção Individual (EPI) eliminar ou neutralizar o agente nocivo, o segurado que o utilizar não terá direito ao benefício, visto que não houve efetiva exposição ao referido agente.

Salário-Maternidade

O fundamento constitucional do benefício encontra-se no art. 201, II, da CF, que estabelece:

> A previdência social será organizada sob a forma de regime geral, de caráter contributivo e de filiação obrigatória, observados critérios que preservem o equilíbrio financeiro e atuarial, e atenderá, nos termos da lei, a:

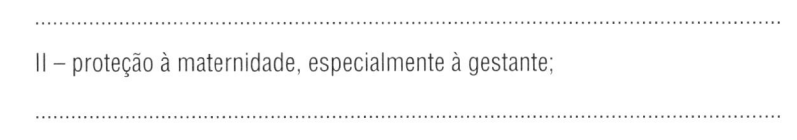

II – proteção à maternidade, especialmente à gestante;

Em plano infraconstitucional, está disciplinado pelos arts. 71 a 73 da Lei 8.213/91 e respectivo regulamento.

Nos termos da lei que o disciplina, o benefício é devido à segurada pelo período de 120 dias, entre 28 dias antes do parto e a data da ocorrência deste, observadas as situações e condições previstas na legislação no que concerne à proteção à maternidade.

Convém distinguir algumas expressões que podem gerar certa confusão com o benefício em questão. São elas: a licença-maternidade e o auxílio-maternidade.

A licença-maternidade consiste no lapso temporal de afastamento da segurada de suas atividades. Corresponde, desse modo, à dispensa concedida à gestante sem prejuízo do emprego, visto que durante referido período, o contrato de trabalho permanece suspenso.

O auxílio-maternidade, também conhecido como auxílio-natalidade, consiste em prestação da Assistência Social, não tendo, portanto, caráter previdenciário desde o advento da Lei 9.528/97, de forma que não há necessidade de contribuição para que se dê sua concessão. Trata-se, pois, de benefício eventual a cargo da Assistência Social.

O benefício relativo ao salário-maternidade foi estendido, por força da Lei 10.710/03, também à segurada da previdência Social que adotar ou tiver a guarda judicial de criança para fins de adoção. Nesses casos, o benefício será pago diretamente pela Previdência Social, observado o período relativo de:

▶ 120 dias, se a criança tiver até 1 ano de idade;

▶ 60 dias, se a criança tiver entre 1 e 4 anos de idade;

▶ 30 dias, se a criança tiver entre 4 e 8 anos de idade.

Tratando-se de gestante empregada, o valor do benefício será pago pela empresa, que se compensará do crédito junto ao INSS. No caso de trabalhadora avulsa, e demais seguradas, o pagamento será feito diretamente pelo INSS.

O valor do salário-maternidade, no caso de segurada empregada ou trabalhadora avulsa, corresponderá a uma renda igual ao de sua remuneração integral. Observe-se, desse modo, que, dependendo do caso, esse valor poderá superar o teto legal.

Dentro dessa abordagem, verifique-se que o art. 72, § 1º, da Lei 8.213/91, no tocante aos valores pagos pela empresa e compensados junto ao INSS, remete ao art. 248 da CF, que assim dispõe:

> Os benefícios pagos, a qualquer título, pelo órgão responsável pelo regime geral de previdência social, ainda que à conta do Tesouro Nacional, e os não sujeitos ao limite máximo fixado para os benefícios concedidos por esse regime observarão os limites fixados no art. 37, XI.

Referido inciso, por sua vez, estabelece que:

> A remuneração e o subsídio dos ocupantes de cargos, funções e empregos públicos da administração direta, autárquica e fundacional, dos membros de qualquer dos Poderes da União, dos Estados, do Distrito Federal e dos Municípios, dos detentores de mandato eletivo e dos demais agentes políticos e os proventos, pensões ou outra espécie remuneratória, percebidos cumulativamente ou não, incluídas as vantagens pessoais ou de qualquer outra natureza, não poderão exceder o subsídio mensal, em espécie, dos Ministros do Supremo Tribunal Federal ...

Diante das prescrições do art. 72 e do inciso XI do art. 37 da CF, tem-se, pois, que embora o valor do benefício possa ser superior ao teto previdenciário, não poderá ser superior ao valor do subsídio dos ministros do Supremo Tribunal Federal. A empresa, por outro lado, deverá conservar durante dez anos os comprovantes dos pagamentos e os atestados correspondentes para exame da fiscalização da Previdência Social, prazo esse que corresponde tanto à decadência quanto à prescrição dos créditos previdenciários.

No caso das demais seguradas, assegurado o valor do salário-mínimo, o benefício será pago diretamente pela Previdência Social, consistindo em um valor correspondente:

I – ao de seu último salário-de-contribuição, quando se tratar de segurada empregada doméstica;

II – a 1/12 avos do valor sobre o qual incidiu sua última contribuição anual, quando se tratar de segurada especial;

III – a 1/12 avos da soma dos 12 últimos salários-de-contribuição, apurados em um período não superior a 15 meses.

Ressalte-se, porém, que a concessão do benefício está sujeita ao período de carência, ou seja, ao número mínimo de contribuições exigido para fruição da prestação correspondente, que será de dez contribuições quando se tratar de segurada facultativa, individual ou especial. Para esse último tipo de segurada, será ainda exigido que a mesma comprove o exercício da atividade rural nos 12 últimos meses anteriores à concessão do benefício, mesmo que de forma descontínua.

No caso de antecipação de parto, de acordo com o disposto no parágrafo único do art. 25, o período de carência será reduzido pelo número de contribuições equivalente ao número de meses em que o parto foi antecipado.

Para as seguradas empregadas, domésticas e avulsas não é exigível o período de carência, de acordo com o que estabelece o art. 26, VI, da Lei 8.213/91.

Diga-se, por fim, que o salário-maternidade não pode ser cumulado com auxílio-doença, por disposição expressa no art. 124, IV, do mesmo diploma legal.

Salário-Família

O fundamento constitucional do benefício encontra-se no art. 201, IV, da CF, sendo disciplinado pelos arts. 65 a 70 da Lei 8.213/91.

É devido mensalmente ao segurado empregado, com exceção do doméstico, e ao avulso, na proporção do número de filhos, ou equiparados, com idade de até 14 anos, ou inválido sem limite de idade.

Não têm direito ao benefício, além dos domésticos, também os segurados individuais, especiais e facultativos.

Nota-se, portanto, que o benefício é destinado ao segurado e não ao dependente menor de 14 anos ou inválido. Ademais, além da qualidade de segurado, será observada também sua remuneração, haja vista que a concessão do benefício está condicionada a determinados valores.

Com efeito, de acordo com o Ministério da Previdência Social, o benefício, que visa a auxiliar no sustento dos filhos de até 14 anos ou inválidos, será pago aos segurados com renda mensal de até R$ 676,27. Nesse sentido, a Portaria 142/07 do MPS fixou o valor do benefício em R$ 23,08 para o segurado que ganhar até R$ 449,93 e de R$ 16,26 para o que ganhar acima de R$ 449,93 até R$ 676,27.

De acordo com o que estabelece o Ministério da Previdência Social, o salário-família será pago mensalmente ao empregado pela empresa à qual está vinculado e deduzido do recolhimento das contribuições sobre a folha salarial. Os trabalhadores avulsos receberão dos sindicatos, mediante convênio com a Previdência Social.

O benefício será pago diretamente pela Previdência Social quando o segurado estiver recebendo auxílio-doença, caso este já estivesse recebendo o benefício quando em atividade.

Os aposentados por invalidez também têm direito ao benefício, que pode ser cumulado com o valor da aposentadoria. Nesse caso, o pagamento do salário-família caberá à Previdência Social juntamente com o relativo à aposentadoria por invalidez. Os demais aposentados terão direito ao salário-família a partir dos 60 anos (mulheres) e 65 anos (homens). O trabalhador rural aposentado receberá o benefício desde que comprove ter dependentes com menos de 14 anos ou inválidos.

O salário-família será devido a partir da comprovação do nascimento da criança ou da apresentação dos documentos necessários para requerer o benefício. Por outro lado, o pagamento do benefício poderá ser suspenso caso não forem apresentados os atestados de vacinação e freqüência escolar dos filhos (este último se os filhos estiverem em idade escolar), e quando os filhos completarem 14 anos de idade. O trabalhador só terá direito a receber o benefício no período em que ficou suspenso, se apresentar tais documentos.

A cota referente ao benefício será paga por cada filho e por vínculo empregatício. Ademais, se mãe e pai estiverem nas categorias e faixa salarial que concedeu direito ao salário-família, os dois receberão o benefício.

Não se exige carência para a concessão do benefício.

Auxílio-Reclusão

O embasamento constitucional do benefício encontra-se no art. 201, IV, da CF, estando disciplinado em plano infraconstitucional pelo art. 80 da Lei 8.213/91, que estabelece que o auxílio-reclusão será devido, nas mesmas condições da pensão por morte, aos dependentes do segurado recolhido à prisão, que não receber remuneração da empresa nem estiver em gozo de auxílio-doença, de aposentadoria ou de abono de permanência em serviço.

Nota-se, pois, que se trata de benefício previdenciário devido ao dependente do segurado.

De acordo com as determinações do Ministério da Previdência Social, os dependentes do segurado que for preso têm direito a receber o auxílio-reclusão durante todo o período do cumprimento da pena.

O benefício, entretanto, só será devido caso o segurado não esteja recebendo salário da empresa, auxílio-doença ou aposentadoria.

Não se exige carência para a concessão do benefício, bastando a qualidade de segurado. Entretanto, para que os dependentes tenham direito ao benefício, é necessário que o segurado esteja em dia com suas contribuições, ressalvado o período de graça.

A partir de 11 de abril de 2007, o benefício é devido aos dependentes do segurado cujo salário-de-contribuição seja igual ou inferior a R$ 676,27.

Nos termos do parágrafo único do art. 80 da Lei 8.213/91, o requerimento do auxílio-reclusão deverá ser instruído com certidão do efetivo recolhimento à prisão, sendo obrigatória, para a manutenção do benefício, a apresentação de declaração de permanência na condição de presidiário.

Com efeito, após a concessão do benefício, os dependentes devem apresentar à Previdência Social, a cada três meses, atestado de que o segurado continua preso, a ser emitido pela autoridade competente. Referido documento pode estar consubstanciado na certidão de prisão preventiva, na certidão da sentença condenatória ou no atestado de recolhimento do segurado à prisão.

Tratando-se de segurados com idade entre 16 e 18 anos, serão exigidos o despacho de internação e o atestado de efetivo recolhimento a órgão subordinado ao Juizado da Infância e da Juventude.

Extingue-se o benefício caso ocorram as seguintes situações:

▶ com a morte do segurado, caso em que o auxílio-reclusão será convertido em pensão por morte;

▶ em caso de fuga, liberdade condicional, transferência para prisão-albergue ou extinção da pena;

▶ quando o dependente completar 21 anos ou for emancipado;

▶ com o fim da invalidez ou morte do dependente.

Parte 4

ASSISTÊNCIA SOCIAL
LEI 8.742/93

Capítulo 1

A assistência social, parte integrante da Seguridade Social, tem previsão nos arts. 203 e 204 da CF, sendo disciplinada em plano infraconstitucional pela Lei 8.742/93 e regulamentada pelo Decreto 1.744/95.

Consiste na Política de Seguridade Social de caráter não contributivo e que se realiza por meio de um conjunto integrado de ações de iniciativa pública e de toda a sociedade, com o objetivo de prover os mínimos sociais para garantir as necessidades básicas dos mais carentes.

Verifica-se, portanto, que a assistência social será prestada a quem dela necessitar independentemente de contribuição para a Seguridade Social.

Realiza-se de forma integrada às políticas setoriais, visando ao enfrentamento da pobreza, à garantia dos mínimos sociais, ao provimento de condições para atender a contingências sociais e à universalização dos direitos sociais.

De acordo com o art. 204 da CF, as ações governamentais na área da assistência social são realizadas com recursos provenientes da Seguridade Social, além de outras fontes.

São consideradas entidades e organizações de assistência social as que prestem assessoramento aos beneficiários abrangidos pela lei e também as que atuem em defesa e garantia de tais direitos, desde que sem fins lucrativos.

Objetivos da Assistência Social

Visando a prover os mínimos sociais, a Assistência Social tem os seguintes objetivos:

- ▶ a proteção à família, maternidade, infância, adolescência e velhice;
- ▶ o amparo às crianças e adolescentes carentes;
- ▶ a promoção da integração ao mercado de trabalho;
- ▶ a habilitação e reabilitação das pessoas portadoras de deficiência e a promoção de sua integração à vida comunitária;
- ▶ a garantia de um salário mínimo de benefício mensal à pessoa portadora de deficiência e ao idoso que comprovem não possuir meios de prover a própria manutenção ou de tê-la provida por sua família, conforme dispuser a lei.

Princípios da Assistência Social

A assistência social, a par dos princípios que regem a seguridade social como um todo, possui também os seguintes princípios específicos a saber:

- ▶ supremacia do atendimento às necessidades sociais sobre as exigências de rentabilidade econômica – equivale dizer que a satisfação das necessidades sociais deve prevalecer sobre os interesses que visem à rentabilidade econômica;
- ▶ universalização dos direitos sociais, a fim de tornar o destinatário da ação social alcançável pelas demais políticas públicas – equivale dizer que as ações sociais devem ser universalizadas de forma a serem disponibilizadas a todos que estiverem em território nacional, inclusive aos estrangeiros, desde que cumpridas as exigências legais;
- ▶ respeito à dignidade do cidadão, sua autonomia e ao seu direito à fruição de benefícios e serviços de qualidade, bem

como à convivência familiar e comunitária, vedando-se qualquer comprovação vexatória de necessidade – equivale dizer que as ações sociais devem ser disponibilizadas aos mais necessitados, sem que os mesmos sejam expostos a situações de constrangimento a fim de comprovar sua necessidade;

▶ igualdade de direitos no acesso ao atendimento, sem discriminação de qualquer natureza, garantindo-se a equivalência às populações urbanas e rurais – equivale dizer que o atendimento deve ser prestado de forma igualitária, no sentido formal da igualdade perante a lei, devendo a disponibilização ocorrer de forma equivalente, de acordo com parâmetros adotados para as populações urbanas e rurais;

▶ divulgação ampla dos benefícios, serviços, programas e projetos assistenciais, bem como dos recursos oferecidos pelo Poder Público e dos critérios para sua concessão – equivale dizer que as ações sociais devam ser objeto de ampla publicidade por parte do Poder Público.

Quanto às diretrizes, a organização da assistência social deverá observar o seguinte:

▶ descentralização político-administrativa para os Estados, Distrito Federal e Municípios e comando único das ações em cada esfera de governo.

Com efeito, as normas gerais acerca da matéria relativa à assistência social competirão à legislação federal, e a execução das ações sociais é de competência dos Estados, Municípios e Distrito Federal.

▶ participação da população, por meio de organizações representativas, na formulação das políticas e no controle das ações em todos os níveis;

▶ primazia da responsabilidade do Estado na condução da política de assistência social em cada esfera do governo.

Prestações da Assistência Social

As prestações da assistência social dividem-se em benefícios e serviços. Os primeiros correspondem aos valores pagos em dinheiro e, os segundos, a bens imateriais disponibilizados aos que deles necessitem.

Os benefícios, a seu turno, dividem-se em benefícios de prestação continuada e eventuais.

Benefício de Prestação Continuada

O benefício de prestação continuada, também conhecido como renda mensal vitalícia, consiste na garantia de pagamento de um salário mínimo mensal à pessoa portadora de deficiência e ao idoso com 70 anos ou mais, e que comprovem não possuir meios de prover a própria manutenção nem de tê-la provida por sua família. Nesse sentido, deve ser entendido como "família" o rol de dependentes elencado no art. 16 da Lei 8.213/91, desde que vivam sob o mesmo teto.

Por outro lado, considera-se incapaz de prover a manutenção da pessoa idosa ou portadora de deficiência, a família cuja renda familiar *per capita* for inferior a 25% do salário mínimo. Referida renda deverá ser declarada pelo requerente, ou seu representante legal, sujeitando-se aos demais procedimentos previstos no regulamento objetivando a concessão do benefício.

Nos termos da lei, será considerada como "portadora de deficiência" a pessoa incapacitada para sobreviver de forma independente e, também, para o trabalho.

Vale salientar que a internação da pessoa idosa ou portadora de deficiência, não obsta o direito ao benefício, que, para fins de concessão, exige exame médico pericial a cargo do INSS.

A revisão do benefício de prestação continuada deverá ocorrer a cada dois anos para verificação da manutenção das condições que autorizaram sua concessão. Constando-se que referidas condições foram superadas, o benefício será cassado. De igual modo, o benefício será cancelado quando for constatada qualquer irregularidade em sua concessão ou autorização.

O benefício, ademais, não pode ser cumulado com qualquer outro disponibilizado no âmbito da Seguridade Social.

Sendo de caráter personalíssimo, seu pagamento cessará com a morte do beneficiário, não se transmitindo ao cônjuge ou aos sucessores do beneficiário.

Benefícios Eventuais

Os benefícios eventuais consistem no pagamento de auxílios, por natalidade ou morte, feitos às famílias cuja renda mensal *per capita* seja inferior a 25% do salário mínimo. Além desses, outros poderão ser instituídos para atender a necessidades decorrentes de situações de vulnerabilidade temporária, caso em que a prioridade se dará em relação à criança, à família, ao idoso, à pessoa portadora de deficiência, à gestante, à ama de leite, bem como se verificará nos casos de calamidade pública.

A concessão dos benefícios dessa natureza, e seu valor, são regulamentados pelos Conselhos de Assistência Social (CAS) dos Estados, Distrito Federal e Municípios, observados os prazos e critérios definidos pelo Conselho Nacional de Assistência Social (CNAS). Referido Conselho, após ouvidas as representações de Estados e Municípios que dele participem, poderá propor, na medida das disponibilidades de cada um deles, a instituição de benefícios subsidiários no importe de até 25% do salário mínimo, para cada criança de até 6 anos de idade oriunda de família cuja renda *per capita* seja inferior a 25% do salário mínimo.

Serviços da Assistência Social

São assim entendidos, nos termos da lei, os que se constituam em atividades continuadas que visem à melhoria de vida da população e cujas ações sejam voltadas para as necessidades básicas, observando-se os objetivos, princípios e diretrizes determinados pela Lei de Organização da Assistência Social. Visando à organização de tais serviços, deverão ser criados os seguintes programas de amparo:

I – às crianças e adolescentes em situação de risco pessoal e social, em cumprimento ao disposto no art. 227 da CF e na Lei 8.069, de 13 de julho de 1990;

II – às pessoas que vivem em situação de rua.

Programas da Assistência Social

Referidos programas compreendem ações integradas e complementares com os objetivos, tempo e área de abrangência definidos pelos respectivos Conselhos de Assistência Social, visando a qualificar, incentivar e melhorar os benefícios e serviços assistenciais. Os programas que se destinarem ao idoso e à pessoa portadora de deficiência serão disponibilizados como benefícios da modalidade continuada.

Programas de Enfrentamento da Pobreza

Tais programas compreendem a instituição de investimento econômico social nos grupos populares, de forma a subsidiar iniciativas que garantam os meios, a capacidade produtiva e de gestão, para melhoria das condições gerais de subsistência, elevação do padrão de qualidade de vida, preservação do meio ambiente e sua organização social. Os incentivos para este tipo de projeto se dão por meio de mecanismos de articulação e participação das diferentes áreas governamentais, não governamentais e sociedade civil.

Custeio da Assistência Social

O financiamento dos benefícios, serviços, programas e projetos da Assistência Social é feito mediante recursos provenientes da

União, Estados, Distrito Federal e Municípios, além das contribuições sociais previstas no art. 195 da CF, bem como dos recursos oriundos do Fundo Nacional de Assistência Social (FNAS).

Os recursos de responsabilidade da União destinados à assistência social são automaticamente repassados ao Fundo Nacional de Assistência Social – FNAS à medida que se forem realizando as receitas. Já os destinados ao financiamento dos benefícios de prestação continuada poderão ser repassados pelo Ministério da Previdência e Assistência Social diretamente ao INSS, órgão responsável pela sua execução e manutenção.

Nos termos da lei, é condição para os repasses aos Municípios, aos Estados e ao Distrito Federal dos recursos de que trata a lei a efetiva instituição e funcionamento de:

I – Conselho de Assistência Social, de composição paritária entre governo e sociedade civil;

II – Fundo de Assistência Social, com orientação e controle dos respectivos Conselhos de Assistência Social;

III – Plano de Assistência Social.

Parte 5

SAÚDE

Capítulo 1

Os arts. 196 a 200 da CF estabelecem disposições acerca do tema, determinando que a saúde, sendo direito de todos e dever do Estado, deve ser garantida por meio de políticas sociais e econômicas que visem à redução do risco de doença e de outros agravos e que possibilitem o acesso universal e igualitário a todas as ações e serviços que objetivem sua promoção, proteção e recuperação. Com efeito, a saúde representa um direito fundamental do ser humano, tendo o Estado o dever de prover as condições essenciais ao exercício desse mesmo direito.

Certo é, por outro lado, que a organização social e econômica de um país se expressa pelos níveis de saúde de sua população.

As ações e serviços de saúde cabem, pois, ao Poder Público, a quem compete a regulamentação, fiscalização e controle de tais atividades por meio de lei.

Em plano infraconstitucional, a matéria relativa às condições para a promoção, proteção e recuperação da saúde, é disciplinada pela Lei 8.080/90, que estabelece, expressamente, que é dever do Estado garantir a saúde nos moldes previstos na Constituição Federal, não excluído, porém, o das pessoas, da família, das empresas e de toda a sociedade.

De acordo com as determinações legais, os fatores determinantes e condicionantes da saúde compreendem, dentre outros:

- ▶ a alimentação;
- ▶ a moradia;

- o saneamento básico;
- o meio ambiente;
- o trabalho;
- a renda;
- a educação;
- o transporte;
- o lazer;
- o acesso aos bens e serviços essenciais; e
- as ações que se destinam a garantir às pessoas e à coletividade condições de bem-estar físico, mental e social.

As ações e serviços de saúde, nos termos das disposições constitucionais vigentes, integram uma rede regionalizada e hierarquizada e que constituem um sistema único de saúde – SUS, devendo ser executadas diretamente pelo Poder Público e, também, por pessoa física ou jurídica de direito privado.

SUS

O conjunto de ações e serviços de saúde, prestados por órgãos e instituições públicas federais, estaduais e municipais, da Administração direta e indireta e das fundações mantidas pelo Poder Público, constitui o Sistema Único de Saúde – SUS, no qual estão incluídas as instituições públicas federais, estaduais e municipais de controle de qualidade, pesquisa e produção de insumos, medicamentos, inclusive de sangue e hemoderivados e equipamentos para saúde.

Também a iniciativa privada poderá participar do SUS desde que em caráter complementar.

São *diretrizes* constitucionais do SUS:

- descentralização, com direção única em cada esfera do governo;

- ▶ atendimento integral, com prioridade para as atividades preventivas, sem prejuízo dos serviços assistenciais;
- ▶ participação da comunidade.

São *objetivos* do SUS:

- ▶ identificar e divulgar os fatores condicionantes e determinantes da saúde;
- ▶ formular a política econômica e social de saúde;
- ▶ assistir as pessoas por meio de ações de promoção, proteção e recuperação da saúde, mediante a realização integrada de ações assistenciais e de atividades preventivas.

São *atribuições* do SUS:

I – a execução de ações:
    a) de vigilância sanitária;
    b) de vigilância epidemiológica;
    c) de saúde do trabalhador; e
    d) de assistência terapêutica integral, inclusive farmacêutica;

II – a participação na formulação da política e na execução de ações de saneamento básico;

III – a ordenação da formação de recursos humanos na área de saúde;

IV – a vigilância nutricional e a orientação alimentar;

V – a colaboração na proteção do meio ambiente, nele compreendido o do trabalho;

VI – a formulação da política de medicamentos, equipamentos, imunobiológicos e outros insumos de interesse para a saúde e a participação na sua produção;

VII – o controle e a fiscalização de serviços, produtos e substâncias de interesse para a saúde;

VIII – a fiscalização e a inspeção de alimentos, água e bebidas para consumo humano;

IX – a participação no controle e na fiscalização da produção, transporte, guarda e utilização de substâncias e produtos psicoativos, tóxicos e radioativos;

X – o incremento, em sua área de atuação, do desenvolvimento científico e tecnológico;

XI – a formulação e execução da política de sangue e seus derivados.

A vigilância sanitária está consubstanciada no conjunto de ações destinadas a eliminar, diminuir ou prevenir riscos à saúde e de interferência nos problemas sanitários decorrentes do meio ambiente, da produção e circulação de bens e da prestação de serviços de interesse da saúde. No que respeita aos bens e serviços, a vigilância sanitária irá abranger o controle de bens de consumo que, direta ou indiretamente, se relacionem à saúde em todas as etapas e processos, da produção ao consumo. De igual modo, abrangerá o controle da prestação de serviços que se relacionem à saúde, de forma direta ou indireta.

A vigilância epidemiológica, a seu turno, compreende o conjunto de ações que proporcionem o conhecimento, a detecção ou a prevenção de qualquer mudança nos fatores determinantes e condicionantes da saúde individual ou coletiva, com o objetivo de recomendar e adotar medidas de prevenção e controle de doenças e outros agravos.

O conceito de saúde do trabalhador deve ser entendido como sendo o conjunto de atividades destinadas à promoção e proteção de sua saúde e que vise à recuperação e reabilitação daqueles que sejam submetidos aos riscos e outros agravos derivados das condições de trabalho.

Financiamento do SUS

O Sistema Único de Saúde é financiado com recursos provenientes do orçamento da Seguridade Social, de acordo com a receita estimada e que sejam destinados à realização de suas finalidades. Tais recursos são previstos em proposta elaborada pela direção nacional, com a participação dos órgãos da Previdência Social e da Assistência Social, tendo em vista as metas e prioridades estabelecidas na Lei de Diretrizes Orçamentárias.

Além destes, são considerados como fontes de custeio os recursos provenientes de serviços que possam ser prestados; ajudas, contribuições, doações e donativos; alienações patrimoniais e rendimentos de capital; taxas, multas, emolumentos e preços públicos arrecadados no âmbito do SUS; rendas eventuais, inclusive comerciais e industriais.

Os recursos gerados no âmbito do SUS são creditados diretamente em contas especiais, movimentados pela sua direção na esfera do poder em que forem arrecadados. As ações de saneamento que venham a ser executadas supletivamente pelo SUS são financiadas por recursos tarifários, em particular, do Sistema Financeiro da Habitação.

Quanto às atividades de pesquisa e desenvolvimento científico e tecnológico em saúde, são as mesmas financiadas conjuntamente pelo SUS, pelas universidades e pelo orçamento fiscal, bem como por recursos de instituições de fomento e financiamento ou de origem externa e receita própria das instituições executoras.

No que respeita à gestão financeira do custeio da saúde, os recursos obtidos para tal fim são depositados em uma conta especial, em cada esfera de atuação, e movimentados sob a fiscalização dos respectivos Conselhos de Saúde. Na esfera federal, os recursos oriundos do orçamento da Seguridade Social ficam sob a administração do Ministério da Saúde, por intermédio do Fundo Nacional de Saúde, que através de seu sistema de auditoria deverá acompanhar a programação aprovada da aplicação dos recursos que forem repassados aos Estados e Municípios.

Já as autoridades responsáveis pela distribuição da receita arrecadada deverão transferi-la, automaticamente, ao Fundo Nacional de Saúde. Na distribuição dos recursos financeiros da Seguridade Social deverá ser observada a mesma proporção da despesa prevista de cada área, no orçamento da Seguridade.

Visando ao estabelecimento de valores a serem transferidos aos Estados, Municípios e Distrito Federal, deverá ser observada a utilização combinada dos seguintes critérios:

I – perfil demográfico da região;

II – perfil epidemiológico da população a ser coberta;

III – características quantitativas e qualitativas da rede de saúde na área;

IV – desempenho técnico, econômico e financeiro no período anterior;

V – níveis de participação do setor da saúde nos orçamentos estaduais e municipais;

VI – previsão do plano qüinqüenal de investimentos da rede;

VII – ressarcimento do atendimento a serviços prestados para outras esferas de governo.

Planejamento e Orçamento

O processo de planejamento e orçamento do SUS será ascendente, ou seja, do âmbito local para o federal, uma vez ouvidos seus órgãos deliberativos, compatibilizando-se as necessidades da política de saúde com a disponibilidade de recursos em planos de saúde das pessoas políticas da administração direta.

Os planos de saúde representam, a seu turno, a base das atividades e programação de cada nível de direção do SUS, sendo seu funcionamento previsto na respectiva proposta orçamentária. A transferência de recursos para financiamento de ação não prevista nos planos de saúde é vedada, salvo quando se tratar de situações emergenciais ou de calamidade pública que vier a se verificar na própria área da saúde.

De igual modo, não é permitida a destinação de subvenções e auxílios às instituições prestadoras de serviços de saúde com fins lucrativos.

Compete ao Conselho Nacional de Saúde o estabelecimento das diretrizes a serem observadas na elaboração dos planos de saúde, tendo em vista as características epidemiológicas e a organização dos serviços em cada jurisdição administrativa.

Organização, Direção e Gestão

De acordo com a lei que disciplina a matéria, as ações e serviços de saúde, executados pelo Sistema Único de Saúde (SUS), seja diretamente ou mediante participação complementar da iniciativa privada, serão organizados de forma regionalizada e hierarquizada em níveis de complexidade crescente. A direção do Sistema Único de Saúde (SUS) é única, sendo exercida em cada esfera de governo pelos seguintes órgãos: no âmbito federal, pelo Ministério da Saúde, e no âmbito estadual, distrital e municipal, pela respectiva Secretaria de Saúde ou órgão equivalente.

Os municípios, por sua vez, poderão constituir consórcios para desenvolver em conjunto as ações e os serviços de saúde que lhes correspondam, sendo certo que a tais consórcios administrativos intermunicipais aplica-se o princípio da direção única. Em âmbito municipal, ainda, o Sistema Único de Saúde (SUS) poderá organizar-se em distritos de forma a integrar e articular recursos, técnicas e práticas voltadas à cobertura total das ações de saúde.

Em âmbito nacional, existem as comissões intersetoriais subordinadas ao Conselho Nacional de Saúde, sendo integradas pelos Ministérios e órgãos competentes e por entidades representativas da sociedade civil. Referidas Comissões têm a finalidade de articular políticas e programas de interesse para a saúde, cuja execução envolva áreas não compreendidas no âmbito do Sistema Único de Saúde (SUS), abrangendo, em especial, as seguintes atividades:

I – alimentação e nutrição;
II – saneamento e meio ambiente;
III – vigilância sanitária e farmacoepidemiologia;
IV – recursos humanos;
V – ciência e tecnologia; e
VI – saúde do trabalhador.

São previstas, ademais, Comissões Permanentes de integração entre os serviços de saúde e as instituições de ensino profissional e superior, tendo por finalidade propor prioridades, métodos e estratégias para a formação e educação continuada dos recursos humanos do SUS, na esfera correspondente, assim como em relação à pesquisa e à cooperação técnica entre essas instituições.

Competências e Atribuições

A União, os Estados, o Distrito Federal e os Municípios exercerão, em seu âmbito administrativo, as seguintes atribuições:

I – definição das instâncias e mecanismos de controle, avaliação e de fiscalização das ações e serviços de saúde;

II – administração dos recursos orçamentários e financeiros destinados, em cada ano, à saúde;

III – acompanhamento, avaliação e divulgação do nível de saúde da população e das condições ambientais;

IV – organização e coordenação do sistema de informação de saúde;

V – elaboração de normas técnicas e estabelecimento de padrões de qualidade e parâmetros de custos que caracterizam a assistência à saúde;

VI – elaboração de normas técnicas e estabelecimento de padrões de qualidade para promoção da saúde do trabalhador;

VII – participação de formulação da política e da execução das ações de saneamento básico e colaboração na proteção e recuperação do meio ambiente;

VIII – elaboração e atualização periódica do plano de saúde;

IX – participação na formulação e na execução da política de formação e desenvolvimento de recursos humanos para a saúde;

X – elaboração da proposta orçamentária do Sistema Único de Saúde (SUS), de conformidade com o plano de saúde;

XI – elaboração de normas para regular as atividades de serviços privados de saúde, tendo em vista a sua relevância pública;

XII – realização de operações externas de natureza financeira de interesse da saúde, autorizadas pelo Senado Federal;

XIII – para atendimento de necessidades coletivas, urgentes e transitórias, decorrentes de situações de perigo iminente, de calamidade pública ou de irrupção de epidemias, a autoridade competente da esfera administrativa correspondente poderá requisitar bens e serviços, tanto de pessoas naturais como de jurídicas, sendo-lhes assegurada justa indenização;

XIV – implementar o Sistema Nacional de Sangue, Componentes e Derivados;

XV – propor a celebração de convênios, acordos e protocolos internacionais relativos à saúde, saneamento e meio ambiente;

XVI – elaborar normas técnico-científicas de promoção, proteção e recuperação da saúde;

XVII – promover articulação com os órgãos de fiscalização do exercício profissional e outras entidades representativas da sociedade civil para a definição e controle dos padrões éticos para pesquisa, ações e serviços de saúde;

XVIII – promover a articulação da política e dos planos de saúde;

XIX – realizar pesquisas e estudos na área de saúde;

XX – definir as instâncias e mecanismos de controle e fiscalização inerentes ao poder de polícia sanitária;

XXI – fomentar, coordenar e executar programas e projetos estratégicos e de atendimento emergencial.

À direção nacional do SUS compete:

I – formular, avaliar e apoiar políticas de alimentação e nutrição;

II – participar na formulação e na implementação das políticas:

   a) de controle das agressões ao meio ambiente;

   b) de saneamento básico; e

   c) relativas às condições e aos ambientes de trabalho;

III – definir e coordenar os sistemas:

   a) de redes integradas de assistência de alta complexidade;

   b) de rede de laboratórios de saúde pública;

   c) de vigilância epidemiológica; e

   d) vigilância sanitária;

IV – participar da definição de normas e mecanismos de controle, com órgãos afins, de agravo sobre o meio ambiente ou dele decorrentes, que tenham repercussão na saúde humana;

V – participar da definição de normas, critérios e padrões para o controle das condições e dos ambientes de trabalho e coordenar a política de saúde do trabalhador;

VI – coordenar e participar na execução das ações de vigilância epidemiológica;

VII – estabelecer normas e executar a vigilância sanitária de portos, aeroportos e fronteiras, podendo a execução ser complementada pelos Estados, Distrito Federal e Municípios;

VIII – estabelecer critérios, parâmetros e métodos para o controle da qualidade sanitária de produtos, substâncias e serviços de consumo e uso humano;

IX – promover articulação com os órgãos educacionais e de fiscalização do exercício profissional, bem como com entidades representativas de formação de recursos humanos na área de saúde;

X – formular, avaliar, elaborar normas e participar na execução da política nacional e produção de insumos e equipamentos para a saúde, em articulação com os demais órgãos governamentais;

XI – identificar os serviços estaduais e municipais de referência nacional para o estabelecimento de padrões técnicos de assistência à saúde;

XII – controlar e fiscalizar procedimentos, produtos e substâncias de interesse para a saúde;

XIII – prestar cooperação técnica e financeira aos Estados, ao Distrito Federal e aos Municípios para o aperfeiçoamento da sua atuação institucional;

XIV – elaborar normas para regular as relações entre o Sistema Único de Saúde (SUS) e os serviços privados contratados de assistência à saúde;

XV – promover a descentralização para as Unidades Federadas e para os Municípios, dos serviços e ações de saúde, respectivamente, de abrangência estadual e municipal;

XVI – normatizar e coordenar nacionalmente o Sistema Nacional de Sangue, Componentes e Derivados;

XVII – acompanhar, controlar e avaliar as ações e os serviços de saúde, respeitadas as competências estaduais e municipais;

XVIII – elaborar o Planejamento Estratégico Nacional no âmbito do SUS, em cooperação técnica com os Estados, Municípios e Distrito Federal;

XIX – estabelecer o Sistema Nacional de Auditoria e coordenar a avaliação técnica e financeira do SUS em todo o Território Nacional em cooperação técnica com os Estados, Municípios e Distrito Federal.

A União poderá, ainda, executar ações de vigilância epidemiológica e sanitária em circunstâncias especiais, como na ocorrência de agravos inusitados à saúde, que possam escapar do controle da direção estadual do Sistema Único de Saúde (SUS) ou que representem risco de disseminação nacional.

À direção estadual do SUS compete:

I – promover a descentralização para os Municípios dos serviços e das ações de saúde;

II – acompanhar, controlar e avaliar as redes hierarquizadas do Sistema Único de Saúde (SUS);

III – prestar apoio técnico e financeiro aos Municípios e executar supletivamente ações e serviços de saúde;

IV – coordenar e, em caráter complementar, executar ações e serviços:

    a) de vigilância epidemiológica;

    b) de vigilância sanitária;

    c) de alimentação e nutrição; e

    d) de saúde do trabalhador;

V – participar, junto com os órgãos afins, do controle dos agravos do meio ambiente que tenham repercussão na saúde humana;

VI – participar da formulação da política e da execução de ações de saneamento básico;

VII – participar das ações de controle e avaliação das condições e dos ambientes de trabalho;

VIII – em caráter suplementar, formular, executar, acompanhar e avaliar a política de insumos e equipamentos para a saúde;

IX – identificar estabelecimentos hospitalares de referência e gerir sistemas públicos de alta complexidade, de referência estadual e regional;

X – coordenar a rede estadual de laboratórios de saúde pública e hemocentros, e gerir as unidades que permaneçam em sua organização administrativa;

XI – estabelecer normas, em caráter suplementar, para o controle e avaliação das ações e serviços de saúde;

XII – formular normas e estabelecer padrões, em caráter suplementar, de procedimentos de controle de qualidade para produtos e substâncias de consumo humano;

XIII – colaborar com a União na execução da vigilância sanitária de portos, aeroportos e fronteiras;

XIV – o acompanhamento, a avaliação e a divulgação dos indicadores de morbidade e mortalidade no âmbito da unidade federada.

À direção municipal do SUS compete:

I – planejar, organizar, controlar e avaliar as ações e os serviços de saúde e gerir e executar os serviços públicos de saúde;

II – participar do planejamento, programação e organização da rede regionalizada e hierarquizada do Sistema Único de Saúde (SUS), em articulação com sua direção estadual;

III – participar da execução, controle e avaliação das ações referentes às condições e aos ambientes de trabalho;

IV – executar serviços:

a) de vigilância epidemiológica;

b) de vigilância sanitária;

c) de alimentação e nutrição;

d) de saneamento básico; e

e) de saúde do trabalhador;

V – dar execução, no âmbito municipal, à política de insumos e equipamentos para a saúde;

VI – colaborar na fiscalização das agressões ao meio ambiente que tenham repercussão sobre a saúde humana e atuar, junto aos órgãos municipais, estaduais e federais competentes, para controlá-las;

VII – formar consórcios administrativos intermunicipais;

VIII – gerir laboratórios públicos de saúde e hemocentros;

IX – colaborar com a União e os Estados na execução da vigilância sanitária de portos, aeroportos e fronteiras;

X – observado o disposto no art. 26 desta Lei, celebrar contratos e convênios com entidades prestadoras de serviços privados de saúde, bem como controlar e avaliar sua execução;

XI – controlar e fiscalizar os procedimentos dos serviços privados de saúde;

XII – normatizar complementarmente as ações e serviços públicos de saúde no seu âmbito de atuação.

Ao Distrito Federal compete cumulativamente as atribuições reservadas aos Estados e aos Municípios.

Saúde Indígena

A Lei em comento disciplina, além do que até aqui foi comentado, também as ações e serviços de saúde voltados para atendimento das populações indígenas, em todo o território nacional, seja de forma coletiva, seja individualmente.

Com efeito, a lei disciplina o Subsistema de Atenção à Saúde Indígena, como componente do SUS e com o qual funciona em perfeita integração. Referido subsistema é custeado com recursos próprios da União.

Ao SUS cabe a promoção da articulação do Subsistema junto aos órgãos responsáveis pela Política Indígena do País.

Os Estados, Municípios e outras instituições governamentais e não-governamentais também poderão atuar complementarmente no custeio e execução das ações.

A fim de atingir o intuito da lei, deverá ser obrigatoriamente observada a realidade local e as especificidades da cultura dos povos indígenas, bem como o modelo a ser adotado para a atenção à saúde indígena, pautada dentro de uma abordagem diferenciada e global que contemple os aspectos de assistência à saúde, saneamento básico, nutrição, habitação, meio ambiente, demarcação de terras, educação sanitária e integração institucional.

O Subsistema de Atenção à Saúde Indígena deverá ser, a exemplo do SUS, descentralizado, hierarquizado e regionalizado, tendo por base os Distritos Sanitários Especiais Indígenas. O SUS, de acordo com a lei, deverá servir de retaguarda e referência ao Subsistema de Atenção à Saúde Indígena, devendo, para isso, prover adaptações na estrutura e organização do SUS, nas regiões onde residem as populações indígenas, para propiciar a integração e o atendimento necessário em todos os níveis, sem discriminações. Assim sendo, as populações indígenas têm acesso garantido ao SUS, em âmbito local, regional e em centros especializados, de acordo com suas necessidades, compreendendo a atenção primária, secundária e terciária à saúde.

Atendimento e Internação Domiciliar

Na modalidade de assistência de atendimento e internação domiciliares incluem-se, principalmente, os procedimentos médicos, de enfermagem, fisioterapêuticos, psicológicos e de assistência social, entre outros necessários ao cuidado integral dos pacientes em seu domicílio. O atendimento e a internação domiciliares serão realizados por equipes multidisciplinares que atuarão nos níveis da medicina preventiva, terapêutica e reabilitadora e que poderão ser realizados mediante indicação médica, com expressa concordância do paciente e sua família.

▪ Acompanhamento durante o Trabalho de Parto, Parto e Pós-Parto Imediato

Os serviços do SUS, da rede própria ou conveniada, ficam obrigados a permitir a presença, junto à parturiente, de um acompanhante que seja por ela indicado durante todo o período de trabalho de parto, parto e pós-parto imediato.

▪ Serviços Privados de Assistência à Saúde

Os serviços privados de assistência à saúde são caracterizados pela atuação, por iniciativa própria, de profissionais liberais, legalmente habilitados, e de pessoas jurídicas de direito privado na promoção, proteção e recuperação da saúde. A assistência à saúde, a seu turno, é livre à iniciativa privada.

Na prestação de serviços privados de assistência à saúde, serão observados os princípios éticos e as normas expedidas pelo órgão de direção do SUS no tocante às condições para seu funcionamento.

Por outro lado, a participação direta ou indireta de empresas ou de capitais estrangeiros, na assistência à saúde é proibida, salvo quando se dê através de doações de organismos internacionais vinculados à Organização das Nações Unidas, de entidades de cooperação técnica e de financiamento e empréstimos.

Em qualquer caso, é obrigatória a autorização do órgão de direção nacional do SUS, submetendo-se a seu controle as atividades que forem desenvolvidas e os instrumentos que forem firmados.

Excetuam-se, porém, os serviços de saúde mantidos em finalidade lucrativa por empresas para atendimento de seus empregados e dependentes, sem qualquer ônus para a seguridade social.

Participação Complementar

Quando as disponibilidades do sistema forem insuficientes para garantir a cobertura assistencial à população de uma determinada área, o SUS poderá recorrer aos serviços ofertados pela iniciativa privada. Nesse caso, a participação complementar dos serviços privados será formalizada mediante contrato ou convênio, observadas, a respeito, as normas de direito público. Em tal hipótese, as entidades filantrópicas e as sem fins lucrativos terão preferência para participar do SUS.

Em termos de participação complementar, os critérios e valores para a remuneração de serviços e os parâmetros de cobertura assistencial serão estabelecidos pela direção nacional do SUS, uma vez aprovados no Conselho Nacional de Saúde. Para efeitos de tal fixação, a direção nacional do SUS deverá fundamentar seu ato em demonstrativo econômico-financeiro que garanta a efetiva qualidade de execução dos serviços contratados. Tais serviços deverão submeter-se às normas técnicas e administrativas e aos princípios e diretrizes do SUS, mantido o equilíbrio econômico e financeiro do contrato.

Relativamente aos proprietários, administradores e dirigentes de entidades, ou serviços contratados, é vedado exercer cargo de chefia ou função de confiança no SUS.

Recursos Humanos

As diferentes esferas de governo, em consonância com a política de recursos humanos na área da saúde, deverão formalizar e executar suas atribuições em atendimento aos seguintes objetivos:

I – organização de um sistema de formação de recursos humanos em todos os níveis de ensino, inclusive de pós-graduação, além da elaboração de programas de permanente aperfeiçoamento de pessoal;

II – valorização da dedicação exclusiva aos serviços do Sistema Único de Saúde (SUS).

Por outro lado, os serviços públicos que integram o SUS constituem campo de prática para ensino e pesquisa, mediante normas específicas, elaboradas conjuntamente com o sistema educacional.

No tocante aos cargos e funções de chefia, direção e assessoramento, no âmbito do SUS, os mesmos só poderão ser exercidos em regime de tempo integral.

Os servidores que legalmente acumulam dois cargos ou empregos poderão exercer suas atividades em mais de um estabelecimento do SUS. Referida disposição aplica-se também aos servidores em regime de tempo integral, com exceção dos ocupantes de cargos ou função de chefia, direção ou assessoramento.

Bibliografia

AMARO, Luciano. *Direito Tributário Brasileiro*. São Paulo: Saraiva, 8ª ed., 2002.

CARRAZZA, Roque Antonio. *Curso de Direito Constitucional Tributário*. São Paulo: Revista dos Tribunais, 1991.

CRETELLA JR., José. *Comentários à Constituição de 1988*. Rio de Janeiro: Forense Universitária, v. 8, 1993.

GASPARINI, Diógenes. *Direito Administrativo*. São Paulo: Saraiva, 7ª ed., 2002.

GONÇALVES, Odonel Urbano. *Manual de Direito Previdenciário*. São Paulo: Atlas, 7ª ed., 2000.

GONÇALVEZ, Ionas Deda. *Direito Previdenciário*. São Paulo: Saraiva, Coleção Curso e Concurso, 2005.

KARTZMAN, Ivan. *Direito Previdenciário*. Bahia: Jus Podivm, 2005.

MACHADO, Hugo de Brito. *Comentários ao Código Tributário Nacional*. São Paulo: Atlas, v. 1 e 2, 2003.

MARTINEZ, Wladimir Novaes. *A Seguridade Social na Constituição Federal*. São Paulo: LTr, 2ª ed., 1992.

_____. *Curso de Direito Previdenciário*. São Paulo: LTr, v. 1 e 2, 1988.

_____. *O empresário e a Previdência Social*. São Paulo: LTr, 1976.

_____. *O salário-base na Previdência Social*. São Paulo: LTr, 1986.

_____. *Princípios de Direito Previdenciário*. São Paulo: LTr, 2ª ed., 1985.

MARTINS, Sergio Pinto. *Direito da Seguridade Social.* São Paulo: Atlas, 22ª ed., 2005.

_____. *Fundamentos da Seguridade Social.* São Paulo: Atlas, 5ª ed., 2004.

MELLO, Celso Antonio Bandeira de. *Elementos de Direito Administrativo.* São Paulo: Revista dos Tribunais, 1980.

NASCIMENTO, Amauri Mascaro. *Curso de Direito Processual do Trabalho.* São Paulo: Saraiva, 18ª ed., 1992.

OLIVEIRA, Antonio Carlos de Araújo. *Natureza Jurídica das Contribuições de Previdência Social.* São Paulo: LTr, 44/141.

SOUZA, Lílian Castro de. *Direito Previdenciário.* São Paulo: Atlas, Série Leituras Jurídicas, 2ª ed., 2006.